新 潮 文 庫

黒い看護婦

—福岡四人組保険金連続殺人—

森　功著

新 潮 社 版

8200

目次

黒い看護婦

——福岡四人組保険金連続殺人——

プロローグ

四人の中年女性グループによって繰り返された残虐《ざんぎゃく》な犯行――福岡県久留米《くるめ》市に住む元看護婦たちが引き起こした犯罪史上類を見ない連続保険金殺人――は、まるで安普請《やすぶしん》の小説の書き割りを背に演じて見せたような事件である。捉《とら》えどころのない、ヌルリとした奇妙な感触が残る反面、その冷酷な犯行は世を震撼《しんかん》させた。

吉田純子、堤美由紀、石井ヒト美、池上和子。

四人はかつて同じ看護学校に通っていた看護婦仲間である。事件発覚当時の平成十四年、久留米市内の高級マンションの同じ棟に住み、主犯格の吉田純子が最上階にプライベートルームを所有。女王然としてほかの三人を従えていた。

白衣の四人組は、医療知識を駆使して次々と仲間の夫をその手にかけ、純子は〝無二の親友〟の母親さえ殺《あや》めようとたくらんだ。四人組の頂点に君臨した純子が、三人を自由自在に操って、生命保険などで手にした金額は、実に二億円にのぼる。

ついに一人の男も関与していなかったことが明らかになる――「悪女《ワル》」たちだけの凶悪犯罪。この世にも希《まれ》な「女だけの殺人事件」の闇《やみ》に分け入る。


「苦いっ、なんかタマネギの腐ったごと味がするばい」

久門剛は、妻ヒト美と久方ぶりに差し向かいで会っていた。ヒト美がよそったカレーライスをスプーンですくい上げ、口に運んだとき、思わずこう漏らした。

「ほんなら、とり替えてこうか」

心臓がはちきれんばかりの激しい鼓動を感じながら、平静を装《よそお》ってヒト美が言う。

「いや、いやこれでよか。気のせいやろ」

「ごめんね、苦うてから。ビール、もう一缶持って来ようか」

剛は立ち上がりかけたヒト美を左手で制し、右手のスプーンを口に運ぶ。

「いや、これ食べるけん」

それでもヒト美は、台所に立って冷蔵庫から缶ビールを取り出し、夫のいる居間のテーブルに置いた。夫は、申し訳なさそうにする妻に気を使い、ビールに手をつけず、皿に盛られた苦いカレーライスをすっかり平らげた。

「吉田さんからもろうた高そうなウィスキーがあるとやけど、飲む?」

台所から持ってきた新しい缶ビールを自分自身であおりながら、夫に薦める。

「私なんかじゃ、買いきらんぐらい高そうなウィスキーやけん」

ウィスキーボトルを夫に見せ、アイスペールのなかの氷をつまんで水割りをつくった。酒好きの剛は、うまそうにグラスに口をつけた。

「おいしい?」

「うん、やっぱり違うな」

剛は酒豪だった。普段ならボトル一本ぐらい、平気であける。しかし、このときは違った。ウィスキーボトルの中身が半分ぐらいに減った程度で、いつになく眠気が襲う。

立ち上がろうとすると、足がすでにもつれていた。ヒト美は、夫を支えながら奥の八畳間に連れて行き、寝かせた。

平成十一年三月二十七日。部屋の時計は午後九時をまわったばかりだ。約束の十時にはまだ一時間近くある。ヒト美は、すでにいびきをかきはじめた夫の横に座り、薄暗い部屋で携帯電話を手にした。

「苦労したけど、やっと眠ったみたい」

「そうね。なら十一時ぐらいやね。裏から入るけん、いいね」

電話の向こうから落ち着いた声が聞こえて来た。凄《すご》みのあるいつもの吉田純子の声である。純子のそばで、堤美由紀と池上和子が目を合わせ、うなずく。

三人が勝手口からヒト美の家に侵入してきたのは午後十一時前。みな帽子をかぶり、黒っぽいセーターを着ていた。マスクをしているので、ヒト美にはそれぞれの顔がはっきり見えない。

純子が横を向いて眠っていた久門剛を仰向けにした。寝入りばなのいびきはもうおさまっている。

「あんたは見らんでいいけん、向こうで見張っといて」

マスクをした純子がくぐもった声でヒト美に命じる。ヒト美の家族が起きて来ないか。それを見張る役割である。

ヒト美はガラスの障子を隔てた座敷の隣の居間に消えた。部屋に残ったのは、純子と美由紀、和子の三人。

三人のうち、すぐに作業にとりかかったのが和子だった。剛の右側にまわりこんで畳に膝《ひざ》をつく。右腕をつねった。熟睡しているかどうかを確かめるためだ。

医療用のマーゲンチューブを手にした和子が、剛の鼻の穴にそれを挿入《そうにゅう》しようとした。だが、なかなかうまくいかない。

「美由紀、なにボーっとしとるとね。はよ手伝わんね」

純子はひとり、久門剛の顔を見下ろすようにして立っている。そのまま、二人に指図する。美由紀が和子と代わった。美由紀は、四人の看護婦のなかでいちばん腕がいい。

マーゲンチューブは仰向けになった剛の鼻からスルスルと飲み込まれ、胃に到達した。すると、手早く鞄《かばん》から聴診器を取り出す。剛の胸にあて、心音を聞いた。

その間、和子が剛の横に置かれていたウィスキーボトルを手にとり、紙コップに注ぐ。夕刻、剛がおいしそうに飲んでいた高級洋酒だった。

和子は、すばやく紙コップに入った琥珀《こはく》色の液体を注射器で吸いとった。それをチューブに流し込んでいく。その作業を何度も繰り返した。

八畳間には、居間から漏れる蛍光灯の明かりがさしているだけだった。その薄暗い部屋のなかで、純子はチューブのなかの液体が剛の胃に流れ込んでいくのを黙って凝視していた。美由紀や和子も声を出さない。

飲みかけのウィスキーが空になった。すると、純子が用意してきた別のボトルを鞄から取りだし、封を切る。みずから紙コップにそれを注ぎ、注射器で吸いとる。それを美由紀に握らせ、美由紀が和子に手渡す。三人は、ただひたすら黙々と作業をつづけた。

花冷えのする三月の真夜中。この部屋だけは、アルコールと三人の女の汗臭いすえた臭《にお》いが入り混じって、かなり蒸している。すでに一時間以上が経過していた。

そうして仰向けの剛の胃に、およそ一本半分のウィスキーが注ぎこまれた。再び美由紀が聴診器で剛の心音を聞く。激しい鼓動が伝わってくる。呼吸は乱れはじめ、剛は身体を反るように浮かした。

「池上ちゃん、エアーも入れて」

純子が、和子に静脈注射を命じた。和子はあわてて注射器に空気を入れ、剛の右腕をとる。三〇ccの空気を静脈に入れた。そこから足元へまわりこみ、同じように足の甲に注射する。すでに十二時をまわっていた。純子は苛《いら》だちはじめる。美由紀に語りかけた。

「図体の太かけん、なかなか死なんね」

美由紀は、ずっと聴診器を耳にあてながら、剛の左手首をとって脈を測っていた。しゃがみこんだ美由紀は純子を見あげた。居間から射《さ》しこむ薄明かりを背にした純子の表情は見えない。だが、その声に思わず反応して答えた。

「もうすぐ死ぬやろうて思うよ。衰弱しきっとるから、あとは時間の問題やろうね」

純子が必死に静脈注射をつづける和子に言った。

「なら、もうそろそろいいやろうね。針ば抜いて」

間もなく久門剛の心音が途絶えた。十二時半過ぎ。純子が、剛のそばにしゃがみこんで顔をのぞきこんだ。そのまましばらく様子を見ていた。そして、納得したように「よしっ」とひとりごち、やおら立ち上がった。

「終わったばい。あんたもこっちへ来んね」

ガラスの障子越しに、隣の居間にいるヒト美に声をかける。一瞬、居間の蛍光灯の明かりが八畳の和室に広がった。

純子はヒト美が部屋に入ってきたのを確認すると、剛の身体から二歩、三歩とあとずさった。そして、今度は逆に勢いよく前に一歩踏みだした。ちょうどサッカーでペナルティゴールを決めるときのように。

ボコッ——

静まりかえった八畳間に鈍い音が響く。その瞬間、剛の右顔面に純子のトウが食い込んで、顔が右から左にグラリと揺れた。振り返った純子が、ヒト美のほうを向いて言った。

「あんたも蹴《け》らんね」

　なぜかヒト美はその言葉を予想していた。不思議と、夫に対する憎しみが湧《わ》き起こる。そして、純子と同じように、いやむしろそれより強く右顔面を蹴りあげた。

　すると、さらに怒りが込みあげてくる。夫の顔に自分の顔を近づけ、右頬に一発、強烈な平手打ちを食らわせた。これも容赦なかった。

　ヒト美は純子の方を振り向いた。暗がりのなかで目が合うと、二人は思わずケラケラと高笑いをした。


　吉田純子を中心とする福岡県久留米市の四人組の元看護婦たちが引き起こした、保険金殺人の一幕である。が、その医療知識を駆使した犯行は、これにとどまらない。堤美由紀、池上和子、石井ヒト美の三人を従えた純子は、久門剛を殺した前年、和子の夫をも殺害。連続保険金殺人事件として話題を呼んだ。

　純子は、これらの殺人事件で巨額の保険金を手にする一方、同僚看護婦からも金銭を騙《だま》しとっている。高級マンションの同じ棟に住む白衣の四人組のなかで、純子は女王然としてその頂点に君臨してきた。三人を召使い同然に操り、贅沢三昧《ぜいたくざんまい》の暮らしをする。

結果、四人組は、久門剛殺害から三年を経て福岡県警に逮捕された。そして、起訴後の平成十四年八月二十七日、一連の事件の初公判を迎える。

純子らの初公判は午後二時から始まった。開廷二時間前の正午、福岡地方裁判所の玄関前は、報道陣や一般傍聴希望者でごった返していた。九月間近というのに、異様な蒸し暑さが残る。正面玄関前にすでに傍聴希望者が列をつくっている。地裁の係員が三七四人に抽選券を配った。法廷内は六七席しか一般傍聴席がないため、二〇%足らずの確率の裁判の傍聴抽選である。凶行を繰り返してきた四人組の中年女に対する世の関心は、ことのほか高かった。

午後二時少し前、左側のドアからその四人組が並んで入廷した。先頭は吉田純子、続いて堤美由紀、池上和子、石井ヒト美の順。和子とヒト美の二人は、みずからの夫殺害後、旧姓の池上、石井に戻していた。

四人組が入廷すると、傍聴席の視線は他の三人には注がれない。いっせいに先頭の純子にくぎ付けになった。その異様な服装に、ざわめきが起きたほどだ。

生来、ずんぐりとして小太りタイプの吉田純子は、女優の泉ピン子に似ている。さすがにやや痩《や》せて頰がこけていた。髪の毛は淡い茶パツ、うつむき加減で前髪が額に垂れさがっている。着ている服もまた茶色で、しかもロングスカートのツーピースドレス。光沢があってぬめっとした光を放っている。まるでパーティドレスのようだ。場違いな服装である。

堤美由紀、池上和子、石井ヒト美とともに傍聴席に背を向け、並んで長椅子《ながいす》に腰掛けた。谷敏行裁判長をはじめとする三人の裁判官が法廷に姿を見せると、四人が立ち上がって一礼する。直立すると、純子の左隣の美由紀は、彼女より頭ひとつ身長が高い。一七〇センチ近くあるだろうか。その隣の和子の背がいちばん低く、四人の後姿はデコボコに見える。

左端のヒト美は色あせた赤いTシャツ姿。シャツの襟首あたりがよれよれにのび切っている。いかにも憔悴《しょうすい》しきっていた。和子は白色のTシャツ、美由紀はブルーのポロシャツ姿。他の三人は、明らかに純子と違う、地味な身なりだった。

谷裁判長から、それぞれ人定質問を受け、起訴状の朗読、続いて罪状認否に入った。検察側が読みあげた彼女たちの罪状は五件。「脅迫」、「住居侵入ならびに強盗殺人未遂」、「詐欺《さぎ》」、そして二件の「殺人ならびに詐欺」である。

ここにある「脅迫」とは、吉田純子による石井ヒト美に対する脅し。一連の事件は、純子の横暴に耐えかねたヒト美が、思わず警察に通報したことから発覚した。二番目の「住居侵入ならびに強盗殺人未遂」は、美由紀の実母の預金目当てに家に押し入り、殺害しようとした犯行。三番目の「詐欺」は、彼女たちが勤めていた田丸川記念病院の同僚看護婦から五〇〇万円を詐取したというものだ。

繰り返すまでもないが、最後の二件「殺人ならびに詐欺」が、ヒト美の夫、久門剛と和子の夫、平田栄治の連続保険金殺人である。

吉田純子は、初公判でもその悪女ぶりをまざまざと見せつけた。

起訴状の朗読から罪状認否へ。純子は保険金殺人のクダリで、鼻水をすすりあげる。

「相違ございません」

右手で何度も涙をぬぐいながら、涙声でしおらしくうなずく。

「最後に何か言いたいことはありますか」

こう裁判長から聞かれると号泣する。みずから事件の主犯だったことまで認めた。

「はい、（和子の夫）平田栄治さん、（ヒト美の夫）久門剛さん、また遺族の方々に対して大変申し訳なく思っています。また、石井さん、池上さん、堤さんを巻き込んでしまったこと、深くお詫《わ》び申し上げます」

だが、堤の実母の殺害計画について聞かれると、一転、態度を変える。そして、犯行における自分自身の関与や、一連の事件での殺意をきっぱり否認する。

「殺害を指示したことはございませんし、殺すつもりは毛頭ございませんでした」

　一方、四人組のうち、残る三人は純子と対照的だった。堤美由紀は正面を見据えたまま呆然《ぼうぜん》として、こう答えるのが精一杯だった。

「私自身、心の整理がついていませんので、（罪状認否を）留保させていただきます」

　みずからの夫を手にかけた池上和子は、ただひたすら反省と謝罪を繰り返す。

「二人の命を奪い、一人の命を奪おうとしました。決して許されることではありません」

　もう一人の石井ヒト美にいたっては、腰を折って泣き崩れんばかりだ。

「もっと主人を信じてさえいれば、こんなことには……。申し訳ありませんでした」

　三人は、純子に対する怒りと憎しみをあらわにした。ヒト美は自分自身の夫の保険金殺人について、しゃくりあげながらこんな言葉を繰り返した。

「保険の書類に署名はしました。けど、私自身は夫の保険金をいただいてはおりません。殺す気持ちはありませんでしたが、話の流れでこのようになってしまいました。本当に申し訳ありませんでした」

　初公判でヒト美は、涙を流しながら、

「夫の悪いことを吉田さんに信じこまされてしまい、あんなことになってしまいました」

と、純子に騙されて犯行に手を染めたことを何度も何度も強調したのである。

かつて吉田純子を中心にして、固い絆《きずな》で結ばれていた白衣の四人組。その結束は崩れていた。なかでもヒト美は、ほんの一年前まで〝女王様〟と仰いだ純子に対し、法廷の場ではっきりと決別を宣言したかに見えた。

長い冒頭陳述が朗読され、初公判に要したのは実に四時間。その間、四人は互いに目を合さずじまい。少なくとも、他の三人が純子に視線を送ることは、ついに一度もなかった。

しかし、吉田純子の心は、かつての〝召使い〟から自分に向けられた敵意にも微動だにしない。その態度や仕草も、他の三人とは明らかに異なっていた。裁判長が見下ろす被告席の長椅子では、美由紀、和子、ヒト美の三人が肩をおとし、終始うつむき加減で寄り添うように深く腰掛けていた。だが、純子ひとりだけ席をあけて離れて座り、薄笑いさえ浮かべていた。

純子はときには泣き落としで裁判官の同情を買おうとし、あるいはきっぱりと容疑を否定した。休廷時には席を立ち、弁護士のもとへ行っては、小声でなにやら打ち合せをした。初公判の冒頭で涙を見せたパフォーマンスが、まるで遠い過去のことのように。

吉田純子は昭和三十四年七月十日、福岡県南部の柳川市に生まれた。四五歳。堤美由紀は純子と小中学校の同級生で、昭和三十五年一月二十六日の早生まれである。彼女は事件が発覚するまで純子と同居していた。四人組のうち、最も接点の多い女である。

池上和子は、純子や美由紀と同じ柳川市出身だが、一学年下の四三歳。石井ヒト美だけが隣の大川市出身で、純子より一歳年上だ。

法廷にいた四人は、どこにでもいそうな中年女性に見えた。とりわけ純子を除く三人はごく平凡な生活を送ってきたようにも感じる。だが、紛れもない凶悪犯グループだ。

一連の事件で二億円もの金を手にした吉田純子は、福岡県久留米市内の高級マンションで三人の〝召使い〟を束ねてきた。

第一章　四人組の結成

「美由紀ちゃん、吉田様のゴミはどげんして捨てればいいとやろうか」

「ゴミ置き場に置いとけばいいとやけど、ちゃんと分けとかんとね」

マンションに引っ越してきた池上和子から、堤美由紀に電話がかかってきた。平成十三年一月十日過ぎ、松があけたばかりの早朝のことである。

石井ヒト美の夫、久門剛を殺害した吉田純子らは、剛の生命保険金三二五七万円を手にした。その後、四人組は、福岡県第三の都市、久留米市にある新築の高級マンションに集結する。吉田純子に指示されるまま、他の三人が彼女の住むマンションに移り住んだのである。

夫と別居中だった純子は、久留米市野中町にある「ムーンパレスシリーズ」というマンションの五〇六号室に住んできた。三人の娘といっしょに暮らしてきたが、そこには堤美由紀も同居している。純子と美由紀の同居生活は、平成三年以来、すでに一〇年間におよぶ。

平成十二年末、そのマンションから道を隔てた斜め向かいの空き地に、同じ業者が九階建てのマンションを分譲した。マンションは、古いほうを「ムーンパレス野中」、新しいほうは「ムーンパレスⅡ」と名づけられた。いずれも久留米市内では屈指の高級マンションである。ヒト美の夫を殺害し、巨額の保険金を手にした純子は、隣に建った真新しいマンションが無性に欲しくなった。それも、最上階のいちばん広くて見晴らしのいい部屋を。

純子は「ムーンパレスⅡ」の九〇三号室を購入した。もっとも、購入資金の大半は、別居中の夫、吉田浩次がローンを組んでいるのだが、それはのちに触れる。

純子は見晴らしのいい、いちばん高価なその部屋をプライベートルームにした。部屋の改装費に一四〇〇万円もかけ、高級家具を買いそろえた。ドアには二〇万円かけて頑丈な鍵《かぎ》をつけている。純子は、ふだんの生活を古いほうの五〇六号室で美由紀や娘たちと過ごし、夜になると、この新しい城へ向かった。

同時に、純子はこの新築マンションに他の三人を集めることに決めた。すでに純子と同居していた美由紀にも、「ムーンパレスⅡ」の四〇五号室を買わせた。石井ヒト美にはその下の三〇六号室、池上和子には一〇二号室をそれぞれ購入させている。純子が買った最上階の九〇三号室は九〇平米の広さで４ＬＤＫ。他の三人の部屋は、どれも七〇平米3LDKのファミリータイプだった。

こうして、純子のもとに集結した白衣の四人組は、同じマンションで私生活までともにするようになる。もちろん、吉田純子と他の三人は対等の立場ではない。四人のあいだの上下関係は明らかだった。純子は、三人のプライバシーを管理し、自分自身の生活の面倒を見させた。〝女王様と家来〟の関係をつくりあげたのである。

マンションでは、家来たちの役割分担も決められた。冒頭、美由紀と和子の会話にあったように、池上和子は吉田家のゴミ出しと買い物。「ムーンパレスⅡ」の一〇二号室に引っ越したばかりの和子は、マンションのゴミ出し規則がわからず、長年純子と同居してきた美由紀に尋ねたのだ。

「吉田様のゴミは何時ごろとりに行けばいいとやろうか」

「別に回収の時間は関係なかけん、いつでもよかよ」

三人は純子のことを「吉田様」と呼んだ。和子は、ゴミ出し日の朝になると、吉田家の娘たちが住む「ムーンパレス野中」五〇六号室へゴミをとりに行き、捨てていたという。

ここには、娘たちのほか、純子の母親も暮らしている。

純子の実母、井口瑞江は、長いことひとり暮らしをしてきた。夫の軍造は、脳卒中で倒れて以来、柳川市のリハビリセンターに入退院を繰り返している。瑞江は、夫の建てた柳川の家で息子夫婦と同居したこともあったが、嫁との折り合いが悪かった。そこで、純子が母親を久留米に呼び寄せたのだ。純子たちが新しいマンションを購入してから三ヵ月後の三月十日、瑞江は「ムーンパレス野中」の五〇六号室へ移り住んだ。

マンションに集結した三人は、純子の両親の面倒までみなければならなかった。

ヒト美や和子がマンションへ越してきた当初のこと。瑞江の引越しが決まった。すると、美由紀、和子、ヒト美の三人は、真冬の早朝から「ムーンパレス野中」五〇六号室の掃除に何度も駆り出された。そうしておいて純子ひとり、新しいマンションの最上階の城でくつろいでいる。

「堤さん、いったいどうして、こげなことになったんやろかね」

部屋で雑巾がけをしながら、ヒト美が美由紀に尋ねた。

「こげん生活がいつまで続くんやろうか」

本来、ヒト美は純子や美由紀より年齢がひとつ上。美由紀の高校の先輩でもある。しかし、三人のなかでも最も気が弱く、性格もおとなしい。こと純子との共同生活という面では、美由紀のほうが先輩でもある。ヒト美は、長いあいだ純子と同居してきた美由紀を頼り、どうすればいいか相談した。その美由紀が答える。

「先輩はまだ知らんだけよ、あん人の怖《おそ》ろしさを。もう逃げられんかもしれんよ」

吉田純子の怖さを肌で感じてきた言葉。ヒト美は身震いした。

和子と同じ時期に引っ越してきた石井ヒト美は、純子から入院中の実父の介護まで命じられた。それも、久留米のマンションから遠く離れた柳川の病院へ毎日のように通わなければならない。車椅子《くるまいす》の老人の世話までさせられていたのである。

「ふだん吉田さんがいる『ムーンパレス野中』の五〇六に呼びつけられ、いろんなことをやらされました。炊事や洗濯から、季節ごとの衣替え。それにお父さんの病院へ行かされて……」（平成十五年一月三十日公判での供述）

ヒト美はそう回顧する。

だが、三人のなかで、最も悲劇だったのは、長年純子と同居してきた堤美由紀に違いない。

美由紀は、七〇歳を超えた純子の母親の面倒から娘たちの学校の送り迎えまで、いつしか吉田家の家事の一切合切を担《にな》うようになっていた。そして、ついには純子の性欲のはけ口にまでされるようになる。純子にとって、堤美由紀は、同じ土地柄で生まれ育った柳川の小中学校の同級生。育った境遇も似ている。少なくとも、純子自身はそう感じとっていた。

とり残された街

福岡県久留米市。福岡市内から特急電車で三〇分ほど南に下ったところに、西鉄久留米駅がある。そこからタクシーに乗り、マンションに向かった。事件当時、純子たちが購入した「ムーンパレス野中」だ。その五〇六号室には、事件のあとも純子の実母、井口瑞江が住んでいた。

事件直後はマスコミの取材攻勢にあい、夜も部屋の灯りを消して過ごしていたという。平成十四年八月末に開かれた事件の初公判のあと、その部屋を訪ねてみた。

「本当に突然やったとです。全然知りませんでした。だけん、なぜこげなことになったとか、私ら家族でもまったくわからんとです。それにしてん、初公判ではあげん言われ方をして、あん子もショックやったじゃなかですかね」

年老いた純子の実母が、リビングルームで、ポツリポツリと語る。純子が買ったという四十数万円のサイドボードが目にとまった。絨毯《じゅうたん》にべったりと尻《しり》をつけて座りこんでいる老母。そのとなりには、一九歳になる純子の長女が不安げな表情を浮かべていた。

「初公判では、検事さんから堤さんや石井さんやらを騙《だま》しとったごと、言われとったですけど、信じられません。こまかころから面倒見のよかった娘でしたけん、友だちは多かったて思います。でも、人を騙すような子やなか。なんかの間違いやなかでしょうか」

瑞江は幼かった純子の姿を頭に思い浮かべるかのように、目を閉じた。

純子の生まれた福岡県南部の柳川地方は水郷として知られる。市内を網の目のように流れる幅五メートルから一〇メートルのクリークがいまも残る。筑後川を中心に広がる筑紫平野の真ん中にあり、農家も多い。

吉田純子は、その柳川市の隣町、山門《やまと》郡三橋《みつはし》町（その後、柳川市と合併）で少女時代を過ごしてきた。地元の柳河小学校、柳城中学校を卒業している。とり立てて素行が悪かったわけではないが、品行方正で真面目《まじめ》な子供だったわけでもない。少なくとも、小中学校時代は、それほど目立った不良ではなかった。

初公判で検察官に読みあげられた冒頭陳述には、彼女の生い立ちについて、〈吉田が本件一連の犯行に至った経緯〉として、こう記されている。

〈被告人吉田は、中学校を卒業するまで、借家で両親及び弟と四人で暮らしていた。借家は、古い木造家屋で、六畳と四畳半の二間しかなく、被告人吉田は、弟と一緒に四畳半の部屋で過ごした〉

純子の両親は見合い結婚だった。母瑞江は昭和五年一月十七日、広島県生まれの七四歳。父の軍造は昭和六年十二月一日生まれで、地元柳川で育った。家族はほかに、純子の四歳下の弟、信二がいる。

「六畳間には、食卓とテレビがあって、そこが家族の生活の場でした。部屋はもうひとつ四畳半しかなかったので、私はそこで姉といっしょに寝起きしていました。風呂はトタン板で囲まれた掘っ建て小屋みたいな別棟で、夜、暗いなかを裸足になって母《おも》屋《や》から出て、入っていました。母屋も建て付けが悪く、台風が来ると、ひと晩中窓の木枠をおさえていなければならないことまでありました」

信二は姉の公判で証人に立ち、そう話した。

父親の井口軍造は自衛官だった。だが、純子が幼いころに除隊し、自動車修理工となる。自宅で細々と仕事をはじめたものの、うまくいかなかった。母親の瑞江は、信二の下にも双子を身ごもったが、生活苦から子供をおろしている。井口家では、定期収入がなく、やむなく母親が内職して家計を助けた。

〈(吉田純子は)幼稚園児のころ、バレエのレッスンを見て興味を持ったが、家計が苦しくて習うことができず、また、小学校時代には、学校の積立金にわずかな金額しか出すことができなかったことから、自らの貧しさを恥ずかしく思い、同級生が帰った後にこっそり担任教師に積立金としてわずかな金を渡したりした。こうして被告人吉田は、幼い頃から自己の家の貧しさを惨《みじ》めに思い、常に金が欲しいと思って、金銭に対する執着心を人一倍強くしていった〉(冒頭陳述より)

つまり、検察は、純子が保険金殺人に走った理由について、幼いころの貧乏暮らしを遠因としているわけだ。成長してからも、純子は幼いころ抱いたバレエのレッスンへの憧《あこが》れを引きずってきたという。のちに事件の渦中に見せた贅沢三昧な暮らしへの憧憬《しょうけい》や虚栄心が、このころからすでに芽生えていたのかもしれないが、ことはそう単純でもない。

純子が生まれた昭和三十四年の日本は、大きな転機を迎えていた。折しも、岸信介内閣が日米安全保障条約の改定に取りくんだ年である。東京では安保闘争の幕があけ、純子の育った福岡県では、三井三池炭鉱の労働争議がはじまる。現皇后陛下のミッチーブームが湧《わ》き起こったのも、ちょうどこの年だ。

ここから日本の社会は、高度経済成長期に突入していく。昭和三十九年の東京オリンピックに向かって突っ走っていたかに見える日本経済。だが、それは同時に、貧富の格差を生んだ。都市部と地方の地域格差、企業や業種間の業績の違い。学歴社会という言葉が流行《はや》り、人々の生活は瞬《また》く間に変わっていったが、なかには貧しい暮らしを強いられたままの家庭もあった。

純子の生まれ育った福岡県の柳川地方は、ある意味で、時代にとり残された地域でもある。北九州や博多などの百万都市でもなければ、飯塚や大牟田《おおむた》など炭鉱で栄えた街でもない。昔ながらのクリークが残り、中途半端な規模の田んぼが点在していただけだった。観光地でもなく、産業らしい産業も育たない。

柳川の多くの男性は、やむなく高度経済成長下で業績を伸ばしてきた会社に勤めはじめた。そのために県内の都市部まで通わなければならないが、それなりに豊かさをつかんでいく。

だが、この時代は、そんな小さな豊かさからさえとり残される家庭もあった。純子の家もその一つだったといえる。

もっとも、久留米のマンションで会った瑞江は、なぜか初公判で指摘された、井口家の貧乏暮らしを頑《かたく》ななまでに否定する。

「そら、貧乏ち言えば、貧乏やったです。でも、生活は楽じゃなかったばってん、そげん言われるほどじゃなか。よその家と比べてものすごう貧しかわけやなかった、て思いますよ」

リビングルームの床に視線を落としたまま、瑞江が言う。だが、冒頭陳述にはこんな記述もある。

〈(純子は)母親が大家の機嫌を取る姿を見るたびに、大家と店子《たなこ》の立場の違いを見せつけられ、金を持っている人と持っていない人とでは全く立場が違うことに衝撃を受け、金さえあれば人を使い、従わせることができるのだという考えを持つようになった〉

その点について瑞江に尋ねると、こう肩を落とす。

「純子は弟といっしょの部屋でしたけど、弟は普通に育っていますし、まさか、あん子がそげなふうに思っとったとは、全然気がつきませんでした。当時は、借家の大家さんにも、ようしてもろうとったですけどねぇ」

純子が見せた一連の事件における家やマンションへの異常なまでの執着心は、やはりこの少女時代の生いたちを無視できないだろう。

「そら、やっぱり借家ですけん、少しは気は使うとりました。子供やった純子や弟の信二が、家ん中で遊んどると、〝これ、畳ん裾《すそ》！ 気いつけんか〟ち注意ばしとった。

畳の裾ば擦り切らしたらいかん、ち思っとったんでそう怒ったとですけどね。そげなことが、純子にとって、大家さんに媚《こ》びとるように感じられとったんかもしれません」

　それから思い出したように口を開いた。

「中学校に入って、純子は流行のバッグが欲しい、ち言うてました。そん時も、家建てるまでがまんしなさい、て話して納得させました。もしかすると、事件にはそげなことも影響しとるんですかね」

　瑞江は、久留米のマンションでそう話すと、しばし黙りこんだ。

　純子の小学校時代、一家の生計は、父親の自動車修理や母親の内職だけでは成り立たなかった。そこで、瑞江は近所の安田歯科医院という歯医者で家政婦として働くようになる。母親は昼食時に歯科医院で出る菓子を食べずに家に持ち帰り、学校から帰ってきた子供たちにわけ与えた。弟の信二はそれを喜んでパクパクと口に放りこんだが、純子は複雑な心境だった。

「お母さん、どうして歯医者さんで出されたお菓子ば、食べて帰ってこんと？」

　母親にしおらしく尋ねたこともあるという。大人になった純子は、同居中の堤美由紀へそんな他愛《たわい》もないエピソードをしばしば聞かせている。

しかし、その母親はことのほか娘に厳しかった。いたずらをすると、容赦なく体罰を与えた。それもこの時代にはめずらしくはない。だが、その叱《しか》り方はほかとは少し違った。

母は小さな娘の身体を抱え、尻や太ももを叩《たた》いたが、そのとき、瑞江は口にタオルをくわえさせた。となりに大家が住んでいたので、泣き声が家の外に漏れないようにするためだ。そうして暗い押入れに放りこまれたことを、純子は大人になっても忘れなかった。

そんな井口家の借家暮らしは、純子の中学生時代まで続いた。最も多感な中学時代、さして年の違わない弟と同じ四畳半の部屋で寝起きした生活。それが、生来、見栄っ張りの純子には耐えられなかったのかもしれない。

純子は、小学校の同級生の家に遊びに来ないかと誘われたことがあった。

「ピアノを習いはじめたんやけど、おもしろかよ。吉田さんも、今度弾いてみんね」

だが、純子は素直に友だちの誘いに乗れない。つい嘘《うそ》をついた。

「うちにもピアノはあるけん、よかよ」

水郷柳川では、いたるところにクリークが流れているが、それが障害となり、住宅地としては適さない。純子一家が長いあいだ借家住まいをしなければならなかった理由は、そんな特殊な地域事情も影響している。瑞江の話。

「借家暮らしばしとったけど、お父さんが田んぼを相続して土地は持っとったとです。でも、そこに家を建てるんがホネでした。柳川は小さな堀が多て、うちの田んぼもまわりがそうでした。家を建てて住むには、堀を渡って道路に出るための鉄筋コンクリートの橋をかけんばいけん。そうせんと、家から表に出られん。よそん方の家を通らないけんくなるとです。でも、その橋をかけるんにも、お金がいるとです」

わずか幅五メートル足らずの小堀。しかし、父親はその堀に橋をかけるために銀行から数十万円の借金までした。そうしてコンクリートの橋をかけ、ようやく家を新築した。しかし、それは純子が高校に入学したあとのことだった。

母親の瑞江は、稼ぎの少ない夫の愚痴を子供たちに漏らしたという。自衛隊を除隊し、生活苦に陥ったことに対する夫へ意趣を含んでいたのかもしれない。一方、夫の軍造は生来短気で、家庭で気に入らないことがあると、よく女房に当り散らした。食事が気に入らないと言っては、卓袱台《ちゃぶだい》をひっくり返すことも珍しくなかったという。

瑞江の愚痴は、そうした干からびた生活の上に堆積《たいせき》し、思春期にある娘の心に澱《おり》のようなよどみを造っていった。

「本当は、お父さんとは好きで結婚したとやなか。実は私は、あんころ大学生の男の人と同棲《どうせい》しとってね。広島のじい様に結婚を反対されて別れさせられたと。それで今のお父さんと見合いしたとよ。お父さんは自衛官で公務員やったけん、いい言われてね」

瑞江は、純子たちにしばしばそう話して聞かせた。自分自身のことを、広島県の比較的裕福な家庭に育った、とも話している。そのせいか、子供たちも、父親にはあまりなつかなかった。事件後の初公判でも、検事がこの父娘の不仲を指摘している。

吉田純子は、その顔かたちが父親そっくりだと周囲から言われてきた。逆に弟の信二は母親似だった。瑞江がことのほか信二を可愛《かわい》がったのはそのせいかもしれない。

「純ちゃん、あんたの授業参観に行くんははずかしか。通信簿の成績も全然だめやけんね。信二は5が多いけど、あんたはアヒルばかりやなかね」

瑞江は、ことあるごとに姉と弟を比較し、純子のほうをなじった。アヒルとは、通知表にある五段階評価の「2」のことだ。文字の形がアヒルに似ていることから、瑞江はそう呼んだ。純子はこうした母親の言葉を実によく覚えている。

信二は小中学校時代の成績が優秀な上に、スポーツマンでもあった。中学校に入ると得意の野球で一躍、学校中のスターになった。グローブからユニフォームにいたるまで、母親は貧しいながらも弟には好きなものを買い与えた。かたや純子には、母親からものを買ってもらった記憶がない。

純子は母親に甘えたかった。彼女の眼中には父親の存在はない。母瑞江は、幼い純子にきつく当たったが、それでも純子は母を嫌いにはなれなかった。学校の成績で弟に歯が立たない純子は、なんとかして母親に自分のほうを振り向かせたかった。だが、それは叶《かな》わない願いだった。

「盲腸のときは辛《つら》かった。母は弟の面倒ばかり見て、病院に来てくれん。手術のときでん、間にあわんかったとよ。信二が学校から帰って来るまで家ばあけられん、て言うとやけんね」

のちに純子は、小学校時代の母親への思いを美由紀にこう打ち明けている。

改めて、久留米のマンションに住む老母に、こうした純子の生い立ちについて尋ねてみた。

「純子と父親と仲が悪かったげな？　そげなことはなか。純子が高校生の時分は山口百恵の全盛期で、お父さんが〝純ちゃん、百恵ちゃんが出るよ〟と声をかけ、二人でいっしょにようテレビを見とったもんです」

瑞江は娘と父親との不仲を否定する。しかし、この母親と弟の愛情の狭間《はざま》で純子が、複雑な思いを抱いてきたのは間違いない。そして、それが、成長するにつれ、家や金に対する異常なまでの執着心という形になってあらわれる。

「美由紀おねえさんは、私たちの面倒を本当によく見てくれました。ときには私たちのことを真剣に叱ってくれて……」

久留米市の「ムーンパレス野中」五〇六号室のリビングルーム。純子の生い立ちについて語る祖母のそばで、長女の紀子がうつむき加減で話を聞いていた。その紀子に、長年いっしょに暮らしてきた堤美由紀のことについて聞いてみた。

「だから、家族はみな美由紀おねえさんのことを信頼していました。今もそれは変わりません。美由紀おねえさんはとてもやさしく、私たちに接してくれました」

紀子は、母親が逮捕されて以来、事件の公判や拘置所に通いつづけている。事件発覚当時、一九歳だった長女が、これまで最も頼りにしてきたのが美由紀である。

美由紀は純子の柳川時代、小中学校ともに同級生だった。白衣の四人組のうち、他の池上和子や石井ヒト美は、純子が柳川から久留米に出てきてからの関係だが、美由紀との出会いは三〇年以上前にさかのぼる。

「吉田さんは、地元の柳河小学校、柳城中学校時代にいっしょでしたが、あの頃はあまり話をしたこともありません。ただ、小学生のとき、彼女が虫垂炎で入院し、クラスのみんなでお見舞いに行ったことは覚えています」

逮捕後、美由紀は検事の取調べに対し、こう供述した。いずれにしろ、他の三人のなかで純子のことを最も知りつくしている人物に違いない。それでいながら、騙《だま》され、従いつづけてきた女性でもある。

堤美由紀は、昭和三十五年一月二十六日に生まれた。一男五女の六人きょうだいの末っ子だ。幼いころに父親を亡《な》くし、家族は柳川市の市営住宅で暮らしてきた。少女時代は、むしろ吉田純子より数段貧しい生活を送っている。

美由紀が長年暮らしてきた市営住宅、といっても、それは二所帯続きの棟割長屋だった。六畳二間に四畳半一間の古くて狭い木造家屋。そこで、美由紀たち七人家族が、肩を寄せあうようにして生きてきた。きょうだい六人の生活を支えてきたのは、母親のミサエひとりである。

その棟割長屋は、いまも柳川市内にあった。そこには現在も堤ミサエが住んでいる。長屋は全部で三〇世帯ぐらいあるだろうか。板壁がところどころはがれた家屋がひしめき合っている。家と家のあいだの路地は狭く、曲がりくねっている。まるで失われた昭和初期の風景がよみがえったかのようだ。軒先に洗濯物がはためいている住居を訪ねてみた。平日のまっ昼間だというのに、住人が焼酎《しょうちゅう》を飲みながらテレビで高校野球を観戦している。

「ここへ住んでからもう四〇年以上たっとるけど、苦労されとる家が多てな。堤さんとこも、ばあちゃん（母親）ひとりで子供を育てなさっとって、大変やったげな。ようよう娘さんたちも大きゅうなったとに、こげな事件を引き起こしてから。たまらんばい」

純子と美由紀、二人の生まれ故郷は、すっかり過疎《かそ》化が進んでいた。

「こんあたりも、めっきり若い人が少のうなってな。残っとるんは、六〇以上の人間ばっかりたい。四〇代の人はみな、久留米や博多に出て行ってしもうて、盆暮れに帰ってくる程度ですばい」

地元住民がこう嘆く寂しい町である。

美由紀も福岡市内の病院への転職を機にこの市営住宅をあとにした。その後、純子のところへ移り住んだのはいまから一〇年以上も前のことである。すでに三〇歳を過ぎていたが、それまで二人のあいだには、事件を引き起こすようなただならぬ関係は存在しない。また、四人組のなかで、いちばん年下の池上和子も、柳川市出身ではあるが、面識はなかった。むろん大川市出身の石井ヒト美も同様である。

のちに白衣の四人組と呼ばれた、凶悪犯グループの結成は、純子が高校を卒業したあとのことになる。

虚言癖

昭和五十年四月、吉田純子は私立の佐賀女子高校衛生看護科に入学した。純子は柳川から佐賀に通うようになる。そうしたのは、貧乏暮らしを強いられた生まれ故郷から少しでも離れたかったのかもしれない。

ちょうどこのころ、父親の軍造が、相続した柳川の土地に苦労して家を建てた。井口家にとっては、念願の持ち家だったはずである。だが、純子はそれほど嬉《うれ》しくはなかった。

「本当は、あんまりあの家は好きやなかったとよ。弟と私の部屋の広さがずい分違うとったけんね。そんなん、嫌やなかね」

純子は、のちに美由紀にそう漏らした。弟への嫉妬《しっと》心が、無意識のうちにそんな愚痴っぽい言葉になった、とも読みとれる。純子は、佐賀県の女子高へ入学するにあたり、奨学金をもらっている。進学の目的は、看護婦になることだった。

「小学生で盲腸の手術ばしたとき、やさしゅうしてもろた看護婦さんがおったやろ。

うちもあんな看護婦さんになりたい」

こう両親を説得して進学先を決めたという。奨学金で学校に通うようにしたのは、母瑞江の歓心を買いたかったからかもしれない。瑞江が話す。

「高校は、いつの間にかあん子ひとりで決めてきたとです。私立やったけん、金銭的な心配ばしとったんかもしれません。奨学金制度も一人で書類ばそろえて、自分でちゃっちゃか、手続きばしとりました。正直言うて、ずい分助かりました。あん子は親に面倒ばかけん、そういう子なんです」

しかし、高校に入学したこのころから、悪女《ワル》の片鱗《へんりん》を見せはじめる。生来、虚言癖のあった純子は口がうまかった。高校入学早々からその本領を発揮している。

「入学してすぐ、純子は、仲良しグループっていうか、そのリーダー格になっていました。ものすごく話が上手でおもしろいんです。今から考えると、デタラメばかりだったのでしょうけど、あのころはみな、それに気が付かないほど、彼女は人気がありましたね」

こう語ってくれた同級生里中由美は、当時の純子の印象が強く残っているという。彼女は由美に自慢した。

「実は私、むかし柳商（現・柳川高校）野球部のエースと付き合っとったんよ」

柳川商業といえば、作新学院時代の江川卓が夏の甲子園に出場した際、対戦した野球の名門校である。甲子園の常連校であり、エースともなれば、地元の女子高生の憧《あこが》れの存在なのは言うまでもない。そのエースと交際していたというのである。本来、ありえない話のように思える。だが、周囲は見事に騙された。

「彼女は迫真の演技をするのです。いっしょにあの映画を見たとか、食事をしたとか。最初は半信半疑でも、それをわざわざ調べてばらすことはしないでしょう。なんとなく信用してしまうのです」（同級生）

純子はのちに美由紀にも、これと似たような話をしている。そんなときは純子自身、男性との交際を事実あったものと自己暗示にかけていたのかもしれない。

「中学校のときに野球部のエースで野口君ていう人がおったやろ。私も好きやったけん告白したら、俺も気になっとったて言いよんなる。あのとき初めてキスばされたと」

美由紀もはじめは半信半疑で呆気《あつけ》にとられていたが、純子はこれまで交際してきたという小中学校の同級生の男子の名前を具体的にあげ、話して聞かせた。テニス部やバスケット部のエース、幼馴染、それに地元の会社社長の息子など、美由紀はそれぞれの付き合い方まで詳細に聞かされた。そこまで言うのなら本当かもしれない、と美由紀も次第に信用していったという。

高校時代を通じて、吉田純子は、一連の事件で見せたような人心掌握術を身につけていった。彼女がよく使った手段のひとつとして、仲間内でお互いを疑心暗鬼に陥らせる方法がある。

「あとで気づいたのですが、純子は仲のいい友だちの悪口を別の友人に吹き込んでいました。そうして友だち同士の仲を引き裂くのです。私もその犠牲者の一人でした」

別の同級生、佐藤恵の回想である。

歌が好きな恵は、佐賀女子高校時代、しばしば人気歌手のコンサートに行っていた。あるとき純子は、恵の親友の逸見雪江にこう囁《ささや》いた。

「恵はどうしようもなか。どうしてあげん、しょっちゅうコンサートに行けるか、雪江はわかるね」

「どうしてやろうか。お小遣いばためて行きようんやなかと」

雪江は、いつも恵本人から聞かされていたことをそのまま純子に伝えた。すると、純子はわざとらしく首を振りながら、怒り出した。

「まさかアンタまで騙されとったとはね。実は恵は、妊娠したけん、てクラスのみんなを騙してカンパさせとるとよ。よりによって、そん金でコンサートに行っとると」

雪江は、純子の剣幕に思わずたじろいだ。と同時に、その話を信じ込んだという。

当の佐藤恵が、当時を思い起こしながら話す。

「あるとき、雪江が急に話しかけてこんようになったからおかしいとは思っていました。その一方で、純子はといえば、私の前では私の悪口を言っているような素振りはいっさい見せない。相変わらず面倒見のいい友だちのふりをしていました。そうしておいて裏では、ありもしない私の悪口をさんざん言っていたのです」

恵と雪江の仲が断絶した一方で、雪江は純子のことを信じ、頼るようになっていったという。

騙された相手は周囲の人間関係から引きはがされる。そのせいで、相手は騙されたことに気づかない。これが純子の常套《じょうとう》手段だ。のちの白衣の四人組、美由紀やヒト美、和子もみなその手にかかり、すっかり彼女のことを信じ込んだ。事件の渦中、純子は他の三人に対し、親きょうだいとの接触も禁じている。

しかし、そうした純子の嘘《うそ》も、まだ後年のように堂に入ってはいない。ついに卒業前にはばれてしまう。そのきっかけが、ニセ妊娠カンパ事件だった。純子は、自分自身で同級生に話した嘘と同じことをしていたのである。

「相談があるとやけど、聞いてもらえんやろうか。中学んときの友だちが妊娠してしもうてから、困っとるんよ。あんたしか頼めんけん、お願いっ」

妊娠カンパが明るみに出て学校で問題になったのは、昭和五十三年一月。三年生の三学期に入ったばかりだったが、実際はすでに二年生のころから同じことを繰り返していた。三年生のクラス担任だった安藤省吾が振り返る。

「たしか、二年生の夏休みの前ごろだったと思います。井口純子がクラスメートに、〝中学のときの友だちの人工流産を助けてやらないかんけん〟とカンパを募っていたのは。彼女は同級生からまんまと金を騙しとった。それで、味をしめたみたいです」

純子は二匹目のドジョウを狙《ねら》い、三年生になってもまったく同じ手口で金集めをしようとしたのである。安藤が続ける。

「そうすると、やはりおかしいと思う生徒も出てくるでしょう。〝去年も同じようなことを言っていた〟と。それで、私が彼女に問いただしたところ、〝ウソでした〟とあっさり認めたのです。三〇年間も教師をしていましたが、あのようなことはあとにも先にもはじめてでした」

担任教師は、純子が騙しとった数万円を持って来るよう命じた。そして、すぐにホームルームを開いた。純子だけを教室から連れ出して廊下に立たせ、クラスの女子生徒に聞いた。

「井口さんからカンパを頼まれた人がいるでしょう。話は嘘やけん、金を出した人は取りに来てください」

教壇の机の上に純子が集めた金を並べた。純子が持っていたのは千円札と五百円札、おかげで机の上はちょっとした札の山になった。小銭はない。教室内はシーンとなり、ショックを受けて泣き出す生徒までいた。

「机の上のお金は結構な金額でした。でも、誰も自分のお金を取りに行きませんでした。教室中が静まり返り、しばらくすると、シクシクと泣き声がしはじめたのを覚えています」

別のクラスメートの一人が記憶をたどる。

「そうして、ふと廊下に立っている純子のほうを見たのです。ちょうど眼が合いました。すると純子は、ニヤッて笑うではないですか。決まりの悪そうな感じで。ぜんぜん反省しているふうではなかったので、ビックリしました。それがとても印象的でした」

ニセ妊娠カンパが表沙汰になったとき、純子は卒業を間近にしていた。騙されたクラスメートが、「あんな女を看護婦にしてはいけない」と、担任の安藤に詰めよる一幕もあったという。安藤が言葉を足す。

「学校では、はじめ自主退学の格好をとって、事実上の退学処分にするという方針でしたが、とりあえず様子を見るためにまずは停学処分にしました。ご両親にもそのことを説明し、一ヵ月の間、何度か家庭訪問をしてみました。本人はとても反省している様子でした。しかし、クラスメートたちが〝もう彼女といっしょに勉強したくない〟と口々に言う。そのため、転校処分にしたのです」

停学期間は二ヵ月。そのあと純子は、佐賀女子高校の系列の武雄校舎へ転校になる。ちょっとした不良女子高生の出来心と言えなくもない。だが、それだけではすませられない何かがある。事件直後に純子の母親、瑞江にこの高校時代の出来事について尋ねてみた。すると、体裁が悪いのか、やや激してこう反論した。

「高校は退学になんかなってなかですよ。停学処分なんかも受けていません。よう覚えとらんですけど、ああしてお金を取ったんは、純子だけじゃなかったと聞いています。三人でやったち純子は言ってました。いずれにしても、高校はちゃんと卒業しています」

純子にとって、この事件があとあと尾を引いている。看護婦を目指していた純子は、ニセ妊娠カンパ事件のせいで正看護婦の資格取得課程に進学できなかったのである。昭和五十三年三月、純子は准《じゅん》看護婦の免許のまま武雄校舎を卒業する。女子高時代、つねにリーダー的な存在として注目を集めてきた純子の人気は地に落ちていた。系列高校とはいえ、誰も知らない学校で卒業式を迎えた純子は、以来、高校の同級生とは連絡をとっていない。

これが彼女にとっての最初の挫折《ざせつ》といえるかもしれない。高校卒業が近づくと、純子はとつぜん大阪で就職すると言い出した。

「どこで就職先を探してきたんか知りませんが、あん子は、大阪の貝塚市立病院に勤めるて言うて、向こうに行きました。親に心配ばかけんようにしたかったんやなかでしょうか」

純子の母親、瑞江はそう言うが、それは高校時代の奨学金を返すためでもあった。まだ一八歳の春のことだったが、それも長続きはしなかった。一年ほどたつと、

「やっぱり正看護婦になりたいけん、そっちへ帰ろうて思うんやけど、お母さんいい？」

と母親のもとへ連絡が入る。母親の了解をとる必要はなかったのかもしれないが、純子はいつもそうした。

やがて、吉田純子は九州に戻ってくる。昭和五十四年の春、正看護婦の資格をとるため、聖マリア看護専門学校（現・聖マリア学院短期大学）に入学した。

「純子とは、彼女が停学になって以来まったくの音信不通でした。どこの病院に勤めてるかもしらなかった。というか、看護婦にちゃんとなれたんだろうか、と思っていました」

佐賀女子高時代の一時期、純子とごく親しくしていた佐藤恵は、こう振り返って言った。

「ところが、最近になってたまたま会ったんです。事件が起きるちょうど一年ぐらい前でした。場所は久留米市内のファミレス。もうとっくに四〇歳を超えていましたが、同年代の女性といっしょでした。あとでテレビを見て気づいたのですが、あれが堤美由紀さんだったんですね」

純子は、聖マリア看護専門学校で池上和子や石井ヒト美と知り合う。そして、あたかも彼女たちのあとを追うようにし、一年遅れて堤美由紀も聖マリア看護専門学校へ入学した。ここで白衣の四人組のメンバーが顔をそろえるのである。

大阪帰りの純子が通った聖マリア看護専門学校は、久留米市の郊外にある。もとはといえば、昭和二十八年に開設された聖マリア病院の付属専門学校としてスタートした。開校は、純子たちが入学した六年前の昭和四十八年と比較的新しい。その名のとおり、カトリック系の看護婦養成専門学校だ。通常の看護専門学校と同様、卒業すれば看護婦国家試験の受験資格が与えられ、合格すれば正看護婦になれる。クラスメートが当時の制度を説明してくれた。

「あのころは、ひとクラス四〇人ぐらいいたけど、みな准看護婦の資格を持って入学していました。そこから正看護婦の資格をとるのです。いろんなタイプの生徒が集まってきていましたね。高校の衛生看護科で准看護婦の資格をとっていた人や普通高校を卒業してから改めて専門学校で准看護婦資格をとって入ってきた人、准看護婦の資格からやり直そうとして入学するケースもありました」

純子は本来なら、佐賀女子高校の衛生看護科で准看護婦資格を取得したのち、エスカレーター式に正看護婦資格コースに進学できた。だが、ニセ妊娠カンパで進学を断念せざるを得なかったため、一年遅れでもう一度、正看護婦になろうとここへ入学したのである。

「学校は校則が厳しく、制服を着なければいけませんでした。髪の毛は肩にかからないようにしなければ怒られた。カリキュラムもハード。三年間のうち、一年生の後半から臨床実習がはじまりました。実習は、朝八時から夕方五時までぶっ通し。しかも、たいていの生徒は、学費をかせぐために、そのあと聖マリア病院で夜勤のアルバイトをしていました。夜中の三時まで働いて仮眠をとり、そのあとまた実習に出る、という感じの生活でした」(前出の同級生)

純子は、聖マリア看護専門学校ではじめて池上和子や石井ヒト美と出会い、二人と同じクラスになった。元来、和子は純子の一歳年下だから、一年遅れの純子と同級生になるのは不自然ではないが、ヒト美は逆に一歳上。二年遅れで看護学校に入学してきたことになる。

大川市出身のヒト美は、看護婦になるための衛生看護科ではなく、大川高校の普通科を卒業しているため、その分まわり道をしたわけだ。また堤美由紀も、大川高校に通い、ヒト美と同様に二年遅れて聖マリア看護専門学校に入っている。そのため、四人のうち美由紀だけが一学年下のクラスになったのだ。

もっとも、看護学校時代の彼女たちは、どこにでもある仲良しグループだったという。看護学校では、クラス内で出席番号順に実習班が編成された。そのため、旧姓井口の純子と、池上和子、石井ヒト美の三人が同じ実習班になった。先のクラスメート談。

「彼女たちのなかで純子が最もよくしゃべるタイプで親分肌。和子は顔が可愛《かわい》らしく、明るくてハキハキしていたのを覚えています。みなから好かれるタイプでした。ヒト美は引っ込み思案で、クラスメートからは嫌がる役回りを押し付けられていたように思います」

やはり純子は、ここでもリーダーシップを発揮していたようだが、それもあくまで友だち付き合いの範囲内でのことだった。とくに純子とヒト美は行き帰りの電車通学もいっしょ。交換日記までつけていた。二人は、昭和五十六年の卒業間際《まぎわ》になって同級生の実習日誌を丸写ししたことが発覚し、仲良く三週間の謹慎処分を受けている。

また純子は、もうひとりのクラスメート、和子を「池上ちゃん」と呼んだ。一歳下の和子は純子に甘えたが、一方、純子より一年遅れて聖マリア看護専門学校に入学した堤美由紀は、入学当初は純子たちとそれほど付き合いがなかった。

「美由紀は、お父さんがいなかったせいもあって、自分ひとりでがんばって生きていこうとするような、生真面目《きまじめ》なところがありました。成績もよく、臨床実習もテキパキとこなす。たしか卒業するときは校長賞をもらったと思います。けど、六人きょうだいの末っ子の彼女は、本当は寂しがり屋で、お酒を飲むと友だちにベタベタとすり寄ってきていましたね」

こう語るのは、堤美由紀の同級生の一人だ。美由紀は四人組のなかでも、最も看護婦としての評価が高かった。

「学生時代にはボーイフレンドもいました。久留米市内にできたばかりのモスバーガーでシェイクを飲みながら、彼氏の話をしていました。ただ、アルバイトをがんばりすぎたせいでしょうか、胃潰瘍《いかいよう》になって倒れたこともあった。彼女は唐辛子が好きでどんな食べ物にもドサッと入れて食べていたので、〝トウガラシのせいよ〟と笑い飛ばしていたけど」

堤美由紀が大川高校で石井ヒト美の後輩だったことは先に触れた。その縁もあり、純子たちとも急速に親しくなっていったのである。

四人は、はたから見ればどこにでもいるような仲良しグループとして、看護学校を卒業した。そして、いったんはそれぞれ別々の道を歩みはじめる。

が、それから一〇年――。再会したあとの四人組の人間関係は、明らかに変わった。吉田純子、池上和子、石井ヒト美の三人は結婚し、いったんは家庭の主婦におさまる。残る堤美由紀は独身。四人組のうち、最初に深い関係に陥ったのが、純子と美由紀の二人だった。

第二章　結婚生活

まだ午前八時過ぎだというのに、福岡拘置所の待合室には、すでに二〇人近くの面会希望者がいた。平成十六年八月、気温は早くも三〇度を超え、室内の冷房がきかない。順番を待っている人たちの多くは、ハンカチで汗をぬぐいながら扇子で顔をあおいでいる。

かつての四人組が、福岡拘置所に勾留《こうりゅう》されてから、二年あまりが経過していた。

受付番号の札をもらい、それをながめていると、館内放送が流れた。

「一〇番の方、六号室へお入りください」

その部屋のドアを開けた。すると、そこにはうなだれて座っている中年女性がいた。長いストレートヘアーの黒髪をかきあげ、顔をあげる。頬の肉が削《そ》げ落ち、まさにげっそりとしている。まるで幽霊のようだ。

「はじめまして。無理を言ってすみません」

こう声をかけたが、言葉は返ってこない。女は無表情のままうなずいた。

かつて吉田純子から愛された堤美由紀の変わり果てた姿がそこにあった。二人の同居生活がスタートしたのは、いまから一三年前にさかのぼる。その美由紀は純子の結婚生活を間近に見てきた。純子が夫の吉田浩次と別居をはじめたのは、美由紀と同居するようになったからだ。

「純ちゃん、あんたのなまえは二四画になるとよか。だけん、浩次さんでよかやなかね」

吉田純子は、母瑞江のこのひと言で結婚を決めた。昭和五十六年十月。まだ二二歳のころである。

長いあいだ暮らし向きが苦しかったせいかもしれない。瑞江は、占いに凝ってきた。暇を見つけては、JR佐賀駅の駅ビル内にある占い小屋に通った。そこには、桝森幸子という女占い師がいて、開運祈願の印鑑などを売っている。瑞江は、しばしばここを訪れていたが、姓名判断が高じてとも子という宗教名まで名乗っているほどだ。

純子も母親の影響を受けた。というより、そのふりをしていただけかもしれない。

「純ちゃん、あんたは井口ていう苗字《みようじ》が悪いっちゃけん。〝吉田か、安田ならよかしいばい。合わせて二四画やけん、幸せになれる〟て、桝森さんが言いよんなる」

結婚相手の吉田浩次は、純子より年が六つ上の二八歳。奇《く》しくも、母瑞江の連れ合い軍造と同じ自衛官だった。

もっとも、純子は母親から薦められた姓名判断よりもっと大事な問題を抱えていた。すでに、浩次とのあいだに身ごもった子供をおろしていた。

そのことを母親に告げた結果が、先の姓名判断だったのである。おかげで純子は躊《ちゆう》躇《ちよ》することなく結婚できたという。

純子の結婚当時について、実母の瑞江に尋ねてみた。「ムーンパレス野中」五〇六号室のリビングルームで会った老母は、今になって娘の結婚についてこう愚痴った。

「実は、あんとき純子は就職が決まっとったとです。看護学校の研修を終えさえすれば、久留米大学の付属病院で働くはずでした。そこへ突然結婚ばするて言い出したもんやけん、往生しました。しかも相手があげん男ですけんね。私たち親は反対しとったとですけど、仕方なかったんです」

瑞江は話題が娘の結婚相手のことになると、急に苦々しい表情を浮かべる。

「でも、結婚ばさせたんは、失敗でした。こう言ってはなんばってん、あん子がああなったんも、浩次さんのせいじゃなかでしょうか。純子は看護学校ば出とるけど、浩次さんは中卒でしょうが。だけん、純子が浩次さんと別居して、美由紀さんに走った気持ちもわかる気がするとです。浩次さんは、あまり利口じゃなかけん会話もろくにできん。何を言ってん黙りこんでしまう。その点、美由紀さんと純子は二人ともAB型で、ツーカーの仲でしたけんね」

娘がこんな事件を引き起こしたのも、浩次のせいだと言わんばかりに話すのである。

「ムーンパレス野中」の五〇六号室は、頭金こそ純子が出しているが、浩次が購入したマンションだ。名義上も彼の所有であり、浩次が住宅ローンを払いつづけてきた。仮に娘が彼と離婚すれば、住めなくなるのだが、その点についてはアッケラカンとこう話した。

「私らは柳川の家を売ってこっちへ越してきたとですけん、もう帰るとこもなかです。だけん、しょうがなか。ここはマンションで、むしろ一軒家でのうてよかったて思います。集合住宅やけん、和歌山のカレー事件のときんごと家ば燃やされんで済みましたけんね」

奇妙な養子縁組

純子と浩次、二人の出会いは純子が久留米の聖マリア看護専門学校を卒業し、研修看護婦としてその聖マリア病院で働いていた時期だ。浩次は久留米駐屯地《ちゅうとんち》に勤務していた。その同僚自衛官がたまたまここへ入院し、彼が見舞いにやって来たのが、縁だったという。

浩次の実家、吉田家は、久留米市内の門前町、善導寺町にある旧家だった。周囲の住民に田畑を貸し、その地代で生計を賄《まかな》うことができるほどの資産家。戦前で言うところの地主である。

だが、吉田家は元来女系の家で、男子に恵まれなかった。浩次の祖母ヒデは、婿《むこ》養子をとって家を継ぎ、春枝が生まれた。浩次の実母だ。しかし、春枝にも男のきょうだいはいない。母親も婿養子をとって、吉田家を継いだ。

そして、昭和二十八年二月十三日、浩次が誕生した。吉田家にとって、念願の男子出産である。そのあとに弟と妹もでき、戦前から男の子に縁のなかった吉田家では、その血筋をひく男子が二人になった。とりわけ、長男である浩次は、大事に育てられた。

「以前の吉田家といえば、そりゃあ大金持ちでしたばい。今の家は建て替えられて普通ですけど、その前は立派な豪邸でした。大牟田のほうにも土地を持っとるいう話でした。有名な資産家やったですし、浩次さんは跡取り息子でしたけん、可愛《かわい》がられとりましたね」

近所の主婦はそう振り返る。吉田家が土地を所有していたという大牟田は、かつて炭鉱で栄えた福岡県南部の街である。

事件後、妻の公判に証人出廷した浩次自身もこう語っている。

「うちも、前はずい分豊かだったと思います。小学校に入る前までは、家にお手伝いさんがたくさんいて、面倒を見てもらっていました」（公判証言より）

もっとも、女系家族によく見られるように、婿養子の立場は弱い。浩次が物心ついたばかりのころ、祖父は地元で流行《はや》った新興宗教に凝るようになる。その宗教団体に金を寄進するため、勝手に土地を売り払った。吉田家の暮らしぶりは次第に傾いていったという。

すると、浩次の両親の夫婦仲も悪くなっていく。小学校に入学する直前、両親は離婚した。浩次は、母親と祖母の手によって育てられた。母親は生活のためにさらに土地を手放し、吉田家の土地は瞬《また》く間に減っていったという。浩次が中学を卒業するころには、自分たちの住んでいる家の敷地以外、ほとんど手放してしまった。

浩次は、純子の実母、瑞江が言うほど頭は悪くない。中学三年生のときには、福岡県立明善高校を受験し、みごと合格している。

明善高校は福岡県内で屈指の進学校だ。平成十六年度の国公立大学の入試合格者は五十六人。九州大学の合格三十五人をはじめ、東大や京大にも入学している。私大では同志社の合格者数で県下一を誇り、早稲田や慶応の合格者もいる。少なくとも小中学校時代の通信簿がアヒルばかりだった純子よりは、はるかに成績がよかったに違いない。

「中学校を卒業する前は、もちろん明善高校に通う予定でした。でも、実際には行けんかった。じいさんがどまぐれて、宗教にはまってしもうてから、貧乏になりましたから。あのころ私らは、祖母の年金で生活しているような状態でしたけん、中学を卒業したら私が弟の面倒もみらないけんかった。それで、仕方のう自衛隊に入ったとです」

妻の公判に出廷した浩次は、こう証言した。

浩次は生来、心根のやさしい男である。自衛隊員だけあって、体つきはがっちりしている。とりたててハンサムとはいえないまでも、それほど見栄《みば》えが悪いわけでもない。ただ、やさしい半面、気の弱いところがあるのも確かだろう。

二人の交際は常に純子がリードしていた。

「浩次を最初におとしたとき、バージンのふりばしたとよ」

純子はのちに堤美由紀にこう打ち明けたことがある。

「そげなこと、どうやってできるとね。信じられん」

そう首をひねる美由紀に対し、純子は平然と答えた。

「そんなん簡単やんね。生理の初日ば狙《ねろ》うて誘うとよ。まだ出血も少なかけん、ちょうどバージンときみたいに見えるとよ」

浩次とはじめて肉体関係を結んだのは純子の研修看護婦時代。この間、純子は二度も妊娠している。浩次にとって、研修看護婦だった純子を二度もはらませてしまった負い目があったのかもしれないが、実は純子には、浩次と交際する前に付き合っていた男性もいた。バージンを失った相手だともいわれる男性が、のちに保険金殺人の被害者になる。

「純子が結婚する少し前、浩次さんの上司がうちに来たことがあったとです。浩次さんの給与明細ば持って来ました。それば見ると、住宅ローンがずい分多うてから、驚きました。ちょうど、浩次さんが善導寺町に家を建てたばかりでしたけんね。これで生活ばできるとやろか、て思いました」

純子の母、瑞江は、あくまで浩次のことを悪く言う。

「浩次さんは家にあいさつばしに来たとき、〝籍だけでんよかですから、純子さんば

「ください"て、お父さんに言っていました。大事な娘なんに、籍だけて、どげなつもりで言うとったんでしょうかね」

二人は結婚披露宴もおこなっていないが、瑞江が言うほど、結婚当初の生活に困っている様子はない。家は昭和五十五年十月に新築された。その住宅ローンといっても、住宅金融公庫からの四八〇万円のみ。それも一六年後の平成八年にはすべて返済されている。

祖母と母の手で育てられた浩次は、母親の苦労を目《ま》の当たりにしてきた。それだけに大切にしていた。結婚前に母親のために家を新築し、いっしょに住もうとしたのも、母親思いのあらわれに違いない。そのための住宅ローンだったのである。

かたや幼いころから家に悩まされてきた純子にとって、新築されたばかりの持ち家は魅力だった。だが、ひとつだけ気に入らないことがあった。家の敷地が祖母の名義だったのだ。

純子はそこで一計を案じた。それが、夫婦そろっての祖母との養子縁組だったのである。

昭和五十七年七月。純子が二三回目の誕生日を迎えたばかりだった。純子と浩次が二人して祖母の籍に入るという妙な縁組は、純子が考案した。

「家があっても土地がなかったら、困ろうもん。それなら、いっそのこと夫婦でばあさんと養子縁組したらよかたい。そげんすれば、うちらが土地を相続できるけんね」

純子は浩次をこう説得した。祖母との養子縁組という風変わりな入籍は、いずれ吉田家の土地を手に入れるための純子の苦肉の策だったのである。

純子の夫、浩次は、いまも自分が建てた家に年老いた母親とともに二人で住んでいる。彼女との結婚について話す。

「私ら自衛官やけん、女気がなかですもん。出会いもなか。純子は何でもテキパキしてますけん、助かるかなって思っていました。看護婦のアルバイトをしとったけん、便利やなかろうかて思ったとです」

家の件については、こう説明する。

「たしかに自分には弟妹がおりますけん、相続の問題はありました。ばあさんの土地は、おふくろが相続するけど、そのおふくろが亡《な》くなれば、土地は自分と妹たちでわけ合うことになったでしょう。だけど、ばあさんは妹らに土地をやりとうない、言うけん、そんなら、ちなったとです。自分と純子がばあさんの養子になれば、妹らに土地をやらんでん、済みますけんね」

純子の不動産に対する執着心は、のちにマンションを買いあさる彼女自身の行動が如実《にょじつ》に物語っている。不動産目当ての祖母との養子縁組。その純子の狙いはずばり的中した。

おまけに純子は、結婚後、この土地・建物を担保に借金を重ねていく。その金でぜいたくな暮らしを手に入れていったのだ。

と同時に、借金生活がはじまる。そして、これが一連の保険金殺人の遠因となるのである。

こうして、純子は、善導寺の浩次の実家で結婚生活をスタートさせた。養子縁組を済ませたころ、腹には四ヵ月目に入る子供もいた。かなり慌《あわただ》しい結婚だったともいえる。

そんな新婚生活のせいもあってか、純子と姑《しゅうとめ》とは、はじめから折り合いが悪かった。

いまも息子が建てた善導寺の家に住んでいる姑、春枝。事件後、その家を訪ねると、八〇歳を超えた老母が玄関先に出てきた。

「結婚してから、二年ぐらいはあん子といっしょに暮らしとったでしょうか。あん子は実家とうちを行ったり来たりでしたけどな」

　玄関先の大きな石に腰をおろし、ひと息ついて語りはじめた。年齢のせいか、相当腰がまがっていて動作もかなりスローだ。家の前の畑で農作業をするのが日課だという。

「勝気な子でな。自分の身内にはずい分ようしとったけど、私らには冷とうてから。あんまり料理も上手やなかやったけど、一度、変な味のするカレーば食べさせられたとです。〝これ、毒でも入っとるんじゃなかか〟て言うたら、もの凄《すご》い顔して怒り出したとです。しまいに私の頬を平手で張るとですけんね。恐ろしかおなごですばい」

　新婚生活がスタートして間もないころ、吉田家では貯金の紛失騒動があったという。

「あんたが使うたんやなかかね、純子さん」

　姑にそう問い詰められた純子は、浩次に泣きついた。

「浩ちゃん、あんたの母親からこげなこと言われたとばい。私が金を盗んだって。そげなことするわけなかやんね」

　純子は涙を流して浩次に訴える。浩次は純子の言葉を信じた。逆に怒りは母親に向けられた。このとき浩次が実母の顔を殴った、と純子はのちに堤美由紀らに話している。これが原因で、浩次と実母のあいだでいさかいが生じた。

「浩次、あんた、いまに純子さんに殺されるばい」

母親は、女房の肩を持つ息子に向かってこう言葉を返すのが精いっぱいだったが、純子はそんなもめごとが起きるたび、柳川の実家に帰った。

春枝が口惜しそうに続ける。

「向こうのお母さんが何度かうちに純子を迎えに来たことがあったけど、詫《わ》びもせんと、知らん顔ですけんね。娘のことば信じとんなさるとやろうが、あいさつひとつせんと、さっさと連れて帰るとです」

こうして純子は久留米と柳川を行ったり来たりしながら、新婚生活を送った。

この新婚時代、浩次は家をあけることが多かった。自衛官という職業柄、転勤が絶えない。結婚当初には北海道の旭川駐屯地や千葉の松戸へ転勤になる。純子もいったんは北海道で暮らしはじめるのだが、すぐに九州へ戻ってきた。浩次が言う。

「向こうの冬は寒かしね。純子は身重やったけん、九州へ帰したとです。それでしばらく私は、向こうで一人で生活していました」

昭和五十八年一月、長女の紀子が生まれた。紀子は柳川の実家で育てられ、ときおり浩次がそこへ訪ねてきた。

「夫婦ち言うても、いつもそんな感じですれ違いばかりでしたけん、あいつのことはよう分からんかったとです。もう一〇年以上別居しとる。離婚しとるのと同じですけんね」
浩次がこう肩を落とす。ほとんど単身赴任の生活だったが、それでも子供だけはよくできた。昭和六十二年十月、純子は次女のエリを出産。平成元年十二月には、三女さやかを生んで三人の女の子の母親になる。

三人目が生まれたころ、浩次もようやく久留米駐屯地勤務に復帰し、九州に落ち着くようになる。だが、もはや純子には、浩次の建てた久留米市善導寺の家に住むつもりはなかった。三女が生まれる二ヵ月前の十月、純子が突然家を出たいと言いだす。

「宮の陣に知り合いがおって、安く住まわせてくれるいうマンションがあるとよ。ものすごういいところやけん、越そうよ。もうあん人といっしょに住むんは嫌やけんね」

宮の陣は久留米市内の高級住宅地である。単身赴任しているあいだ、自分の女房が姑との生活に疲れはてた、と思い込んだ浩次は、純子の申し出に反対できなかった。賃貸料が安いという口車にも乗せられ、引越しを決めたという。

「本当に信用したとです。マンションは、家賃七万五〇〇〇円で3DKの賃貸だったけど、安いかとも思った。あそこは久留米では三本の指に入るほど高級て言われたところでしたけんね。医者やらが住んどりましたし。ただ、なんでこげないいとこに住まならんか、ち内心では思うとりましたけど」

老母を残し、息子夫婦一家は宮の陣のマンションへ引っ越した。

ここまでなら、単に姑と折り合いの悪い息子夫婦が独立しただけのようにも見える。だが、このころから純子の金銭欲が頭をもたげはじめる。

折しも、世の中が見せ掛けのあぶく景気に浮かれていた時期だった。福岡県屈指の都市、久留米でも昭和六十二年からマンションの建設ラッシュが起こる。マンションブームは平成元年から二年にかけ、そのピークを迎えた。それまで見られなかった一〇階建て以上の高層マンションの建設が目立ちはじめた。東京や大阪などに比べ、やや遅れてやって来たバブル景気ともいえる。純子はそんな社会環境に影響されてゆく。

吉田純子は虚栄心がひと一倍強い。長女の紀子を産んだのは二三歳。ずんぐりむっくりしていた体形が、さらにくずれた。それをことのほか気にしていたせいかもしれない。純子には矯正下着に凝っていた時期がある。浩次が話す。

「訪問販売に来た人に乗せられて、何十万円もするパンツやブラジャーば買うてから、びっくりしました。そげんしても、あまり変わりばえせんやろうに、て内心思うとりましたけど、口には出せませんでした」

夫の浩次が旭川に単身赴任しているころの出来事である。

そして、訪れたバブル景気。少女時代の高度経済成長期、まわりが豊かになってい くのを実感しながら、純子の一家は乗り遅れた。少女時代のときのように、時代にとり残されるのだけは避けたかった。そうして、生来の虚栄心に歯止めがきかなくなっていく。

周囲はかつてないほど裕福になり、ぜいたく品が世にあふれていた。

純子は手っ取り早く借金して豊かさを買おうとした。その借金に役立ったのが、結婚当初の祖母との養子縁組だったのである。

平成二年十一月、計画どおり浩次は、祖母ヒデの名義だった善導寺の土地を相続した。純子は、ちょうどこの前後から、夫の善導寺の土地・建物を担保に借金を重ねていく。もちろん夫には内緒だった。

借金のはじまりは平成元年三月、カードローンだった。極度額一六五〇万円のローン契約を福岡県内のノンバンクと結んだ。それが瞬《また》く間に膨らんでいく。土地を相続する直前の平成二年三月には、その融資枠を二五七〇万円へと大幅に増やした。さらに次の年の二月には、新たに日本信販で八四〇万円の融資枠を設定している。

わずか一年あまりのあいだの借金は、少なく見積もっても三〇〇〇万円を超えた。とりあえずは返せるアテなどないが、いざとなれば家ごと売り払ってしまえばいい。とりあえずその借金の利払いのため、街のサラ金からも次々と借り入れた。こうして純子の借金は雪だるま式に増えていったのである。

「結婚したてのころの高いパンツやブラジャーにはびっくりしたけど、どうしてこげん借金しとったか、事件になるまで知らんかった。これほどとは夢にも思うとりませんでした。そういえば、通信販売のカタログをしょっちゅう見ては好きなものを買いまくり、洋服は、福岡市内まで出かけていって百貨店の岩田屋なんかで買うとった。だけど、それ以外は、本当によう分からんかったとです」

浩次は、純子の様子がよく分からなかったと何度も繰り返した。

もっとも、吉田純子ははじめからこんな破滅的な道を歩んだわけではない。

結婚後、次女のエリが誕生するまでのあいだ、純子は長女の紀子を柳川の実家に預けて大牟田市内の病院で働いた。夫婦二人の月収は、夫の二〇万円と純子の病院パート給一〇万円の合計三〇万円だった。

しかし、そのパート給与の一〇万円は、夫や娘たち、本来の自分の家族のために使われていたわけではない。純子は、のちに同居した堤美由紀にこう漏らしている。

「美由紀、あのころは大変やったと。父が友人の借金の保証人になって、そん人が夜逃げばしたろ。母がかわいそうでたまらんかった。まだ家のローンもずい分残っとるんに、何考えとったちゃろうかね、て怒っとったばい。私もそう思う。それで、病院の給料は全部母に渡しとったとよ」

また、純子自身、結婚にそれほどの憧《あこが》れがあったわけではない。実際、新婚当初から夫婦仲は冷え切っていた。その隙間《すきま》を埋める役割を担《にな》ったのが、純子の小中学校の同級生、堤美由紀だった。

「吉田さんには、もう二度と、私や、私の家族に近寄らないで欲しい。もう二度とあの人と関わりたくありません。吉田さんはこれからも本当のことを言うとは思えません。彼女が友人の夫を殺したのは、ただひたすらお金のため。これが本当の理由だと思います。それ以外あの人の話すことは、みんなウソだと思います」

平成十五年五月二十一日、福岡地裁で開かれた四人組の公判で、堤美由紀はこう証言した。すでに公判は何度も開かれていたが、それまでの公判にはないきっぱりとした態度。事件発覚から一年を経てようやく飛び出した吉田純子との決別宣言である。

純子と美由紀、二人の生まれ故郷を歩いた。二人は看護学校時代、柳川市内の西鉄「矢加部駅」から久留米に通っていたという。そこは改札もない無人駅だった。

少女時代の美由紀は、純子同様、貧しい暮らしを強いられている。しかし、性格はむしろ純子とは正反対といえる。

美由紀の父親は終戦後、仕事がないため、出稼ぎに行って家をあけていた。家族といっしょに暮らしはじめたのは、美由紀が三歳のころ、昭和三十年代後半からのことである。普段は物静かでやさしい父親だったという。だが、貧しさのせいか、晩酌をしては母親にあたった。父親が酒の入った茶碗《ちゃわん》を投げ、母親の足に当たって赤い血が流れる……、美由紀は小学生のころのそんな光景をよく覚えている。

母親のミサエは、そんな父親に対して愚痴ひとつこぼさなかった。そうして女五人、男一人の六人きょうだいを懸命に育てた。やがて父親が亡くなり、生活はますます苦しくなったが、子供たちは母親から愚痴や苦労話を一度も聞いたことがないという。

六人きょうだいの末っ子である美由紀は、ミサエが四〇歳を過ぎてできた子供だった。歳《とし》の離れた姉兄に可愛《かわい》がられ、とりわけ甘えん坊だった。五歳離れたすぐ上の兄のそばについてまわり、近所の子供たちと遊んだ。純子と同じ柳川市立柳河小学校に通っていたが、入学後も学校の同級生とは友だちになれない。兄の庇護《ひご》がないと何もできないような内気な子供だった。

小中学校をとおして純子と同じ学校に通った美由紀だが、当時の二人にはそれほど接点がなかった。唯一《ゆいいつ》、美由紀の記憶に残っているのは、小学六年生のころ、純子が虫垂炎の手術で入院したときにクラスメートと見舞いに行ったことぐらいだ。

美由紀は純子と違い、男子生徒によくもてた。柳川市立柳城中学校に入ると、間もなくボーイフレンドができた。ボーイフレンドは、内気な彼女がいじめられそうになると助けてくれたという。六畳二間と四畳半一間の棟割長屋の母子家庭は、決して楽な暮らし向きではなかったが、美由紀はひねくれることなく育った。見た目はそれほど美人ではない。だが、背が高くスラリとしてスタイルはいい。気の弱い分、他人にやさしく、女性にも男性にも好かれた。ただ、その気弱な性格がのちのちまで災いする。

中学校を卒業した美由紀は、柳川の隣にある福岡県立大川高校へ進学した。ここでのちの四人組の一人、石井ヒト美の後輩になるのだが、高校時代はさほど親しかったわけではない。むしろ、同じクラスの女友だちとの付き合いのほうが彼女の印象に残っている。

堤美由紀は、看護婦をめざして高校を選んだ吉田純子と違い、高校を卒業してから看護婦を志した。県南の八女《やめ》看護高等専修学校へ通い、そこから聖マリア看護専門学校へ入学しなおしている。看護学校時代、美由紀だけが純子たちより一学年下だったのは、そのせいだ。一学年下だったおかげで、看護学校時代も、はじめは純子たちとはほとんど付き合いがなかった。

その美由紀と純子が再会したのは、聖マリア看護専門学校に入学してしばらくたったころ。

「堤さんやなかね。わたし井口よ。ほら、小学校のとき、盲腸で入院して見舞いに来てもろうた。懐《なつ》かしかね」

通学のため、西鉄の矢加部駅のホームで電車を待っていた美由紀に純子が声をかけてきた。

「ああ、井口さん。久しぶり」

同じ専門学校に通っていることを知った二人には、共通の友人がいることがわかった。石井ヒト美だ。

前述したように、美由紀の大川高校時代の一学年先輩にあたるヒト美は、純子とは、聖マリア看護専門学校に入学して以来、いちばん仲のいい友だちだった。二人は交換日記をかわしていたほどだ。すぐに純子、美由紀、ヒト美の三人は意気投合した。そこから、さらにクラスメートの池上和子を加えた四人組となる。

仕組まれた再会

美由紀が聖マリア看護専門学校を卒業したのは昭和五十七年三月。すでに純子たちは、卒業してそれぞれ別々の道を歩んでいた。純子自身にとっては研修看護婦時代に入籍を済ませ、新婚生活をスタートさせた時期にあたる。

美由紀は、看護学校を卒業後、そのまま聖マリア病院で働きはじめた。新生児センターという部署で、障害をもつ新生児たちの看護に従事した。大変な仕事だったが、美由紀はこのころ看護婦として最も充実した日々をおくっている。だが、それも長続きはしなかった。

堤美由紀はなぜか男運が悪い。

聖マリア病院で二年間勤務したあと、美由紀は福岡市内の川端病院に再就職した。そこで、同僚の男性看護士と不倫関係に陥る。相手の妻にばれ、泥沼のような三角関係に発展する。

やがて美由紀は妊娠。相手の看護士は、女房の親族から片目の視力を失うほど手酷《てひど》く殴られた。男は離婚を決意し、美由紀に結婚を迫るようになる。

しかし、怖くなった美由紀には、そんなつもりはなかった。お腹の子供をおろし、結婚の申し出を断った。

「そんならそれでよか。パイプカットをしたけん、このまま付き合うてくれ」

そうしつこくセックスを迫られ、しばらくはこの身勝手な男とのただれた不倫関係をつづけた。しかし、男の言葉は嘘《うそ》だった。美由紀は再び妊娠する。

「おかしか。もう一回パイプカットしてくるけん」

美由紀は嘘だとは知りつつ、そう言われては肉体関係をつづけた。そして、またも妊娠した。妊娠と堕胎を繰り返し、ついにはそのことが職場に知れわたる。居づらくなった美由紀は、川端病院をやめ、福岡市を去った。久留米市内にアパートを借り、ひとりで暮らしはじめる。すると、相手の男もそのあとを追うように退職した。

男の妻は夫の裏切りに怒り狂った。間もなく、ひとり暮らしの美由紀のもとへ脅迫状が届くようになる。美由紀は警察に届け出た。が、警察は何もしてくれない。まして、前の職場の同僚看護婦に打ち明けることもできない。頼るのは不倫相手の男しかなかった。そうして、交際が再開し、また妊娠した。

「子供を産むんが嫌なら、僕がおろしちゃるけん。心配せんでよか」

何度も堕胎を経験し、途方にくれていた美由紀に対し、男はさもやさしげな言葉をかけた。なかば自暴自棄に陥っていた美由紀は、男の言葉にうなずく。そうして、男が借りていたアパートの台所で堕胎手術を受けたという。

「大丈夫、今まで何回も先生の介助をしてきて、堕胎には慣れとるけん」

麻酔注射をうたれ、意識が朦朧《もうろう》とするなか、美由紀は男の言葉を聞いた。夢を見た。それは、なぜか近い将来の出来事。地獄絵図のような殺人現場だった。若い男を中年女が寄ってたかって殺すシーン。夢にうなされ目が覚める。麻酔が切れていた。

気がつくと、アパートの台所はどす黒い血で汚れていた。堕胎手術は失敗だった。

美由紀は仕方なく子供を産む決心をし、入院した。だが、結果は死産だった。失意のなか、それでも美由紀はようやく男と別れることができた。

平成元年夏。堤美由紀は久留米と隣接する小郡《おごおり》市内の大和病院に勤めはじめる。そこへ、昔の友人から突然電話がかかった。

「私、わかる？　井口よ」

吉田純子だった。二人は二度目の再会をはたす。

「久しぶりやね。どうしとったん？」

純子は大きなお腹を抱え、待ち合わせ場所にあらわれた。久留米市内の喫茶店。お腹の子供は三女のさやかだった。美由紀が大和病院に勤めはじめたことを中学校の同級生に伝えたことから、純子が彼女の居場所を知ったのだという。純子は美由紀との再会を喜んだ。

聖マリア看護専門学校を卒業して以来、八年ぶり。すでに、二人とも三〇前になっていた。

ここから堤美由紀と吉田純子は急速に親しくなっていく。それが同性愛にまで発展するのだが、この二人の異常な関係は、多分に純子から仕組まれたものだった。

美由紀は純子と再会したころ、また別の男性と交際をはじめていた。相手は、看護学校時代のクラスメートと通っていたスナックのマスターだった。寂しがり屋の美由紀は、常に誰かを頼らないと生きていけない。これもまた不倫だった。しかし、ここでもまた妊娠してしまう。セックスを迫られると、どうしても断りきれないのである。

一方、純子は純子で、出産後、美由紀のいる大和病院に勤めはじめる。すでに夫、浩次への愛情はすっかり冷めていた。純子にとって、関心事は美由紀との再会だったのである。

純子は大和病院の総婦長に美由紀と同じ病棟で勤務できるよう懇願した。こうして同じ病院で夜勤のパート看護婦として働くようになり、二人は急接近していった。

ある日、美由紀が風邪で病院を休むと、純子から自宅のアパートに電話がかかってきた。

「婦長から聞いたとやけど、水臭いやんね。これから行くけん。住所はどこね」

美由紀には純子の言葉がなんとなくうっとうしく感じられた。

「いつものことやけん、大丈夫」

そう言って、はじめは住所を教えようとしなかった。だが、純子はお構いなしだった。

「なら、警察で聞いて行くけんね」

美由紀は、常に純子の生来の強引さに根負けする。純子はりんごや缶詰などを持参し、見舞いにやって来た。

「何かあったら、夜中でんいつでんいいけん、必ず電話してきてね」

そう言い残してアパートの部屋から出て行った。美由紀は純子のやさしさに涙を流した。これ以降、純子はしばしば美由紀のアパートを訪問するようになる。

純子は、夜勤明けの翌朝には、必ず美由紀のアパートを訪ねた。そこでお互いの日常の出来事をしゃべり合うのが日課になっていった。純子は身振り手振りを交えて日常の他愛無い出来事をおもしろおかしく話す。その話術に美由紀はひかれていった。いつしか美由紀自身も純子の訪問を心待ちにするようになる。そうして、二人の付き合いが深まっていったのである。

純子は相手の心に入りこむ術に長《た》けている。あるとき、突然言った。

「美由紀、あんた何か悩み事があるとやろう。決して誰にも言わんけん、私にしゃべってみんね。肩の荷がおりるばい」

美由紀が純子に身の上話を打ち明けるのに、そう時間はかからなかった。前に勤めていた病院の看護士との泥沼の不倫、そして現在つづいているスナックのマスターとの交際。美由紀はすべてを純子に話した。

「バカやん、美由紀は。もっと早う私と再会しとったら、こげん傷つかんでよかったとに。ごめんね美由紀」

ときに涙を流しながら、あるいは顔を真っ赤に紅潮させて怒りながら、純子は美由紀を励ました。美由紀は、そんな純子に思いやりを感じ、吸い寄せられていく。純子は言った。

「うちは、あんたと違うていろんな経験を積んできたんよ。この歳《とし》になるまで、行ったことがないところは、刑務所ぐらいやけんね。だけん、判断は間違わん」

美由紀は純子を頼りにした。そうして何でも相談するようになる。純子は、看護婦のパート勤務がない日も、美由紀のアパートを訪ね、相談に乗った。アパートは六畳一間の１Ｋ。シングルベッドがあるだけの狭苦しい部屋だったが、純子はそこへ入り浸るようになる。

もっぱら話題は、当時美由紀が交際していたスナックのマスターとの不倫。美由紀の悩みに、純子は真顔で耳を傾けた。美由紀はマスターとのあいだにできたお腹の子をおろした。だが、それでも彼はしつこくアパートにやって来ていたという。そこで、純子は言った。

「美由紀にだけ話すけど、実は私にはある偉い先生がバックについとると。政界にも顔がきくし、警察も動かせる人なんばい。そん人に美由紀のことば話してみたとよ」

吉田純子は数え切れないほどの嘘を駆使して、周囲を翻弄《ほんろう》してきた。なかでも、彼女の切り札がこの「先生」の存在だった。純子は、「ある皇族につらなるかたと親しい」と話をデッチあげ、その人物を「先生」と呼んだ。

「先生に、美由紀を助けたい、て言うたと。そしたら、先生が手を貸すに値する人物かどうか、まずは美由紀自身のことをリサーチしてから、て言うと。あれだけの先生に動いてもらうんやから仕方なかね」

それほど凝った嘘ではなく、「先生」の存在を大きく見せかけるための虚言に違いない。おまけに純子はこうつけ加えた。

「美由紀、先生がね、あのマスターが実は私のことを狙《ねろ》うとる、て言うとよ。それを防がなならん、て言いよんなる」

スナックは看護学校時代の行き付けでもあったため、純子もマスターのことは以前から知っていた。話題にさりげなく自分自身のことまで紛れ込ませるところが、いかにも見栄っぱりの純子らしい。すべてを告白し、信じきっている美由紀は純子の嘘に対して疑うことを知らなかった。しばらくたったのち、純子は言った。

「美由紀、喜ばんね。先生が全部始末してくれた、て。前の川端病院の看護士の件も、マスターとのことも、すべて話はついた。だけん、安心してよかよ。でも、これからは、あの人たちとはいっさい連絡をとってはいけんんよ。川端病院の人たちともね。そうせんと、何のために先生が尽力してくれたかわからんけんね」

実際、スナックのマスターは美由紀のアパートに訪ねて来なくなった。美由紀は「先生」の存在をますます信じた。純子はさらに話を膨らませる。

「先生はお歳やけん、代わりに手足のように動く側近がたくさんおんなさると。一種のファミリーのようになっとる。マスターの件でも、側近が金を調達して動いてくれたとよ。相当かかったらしか。感謝せんばいけんよ」

吉田純子は完全に堤美由紀を籠絡《ろうらく》した。そこからやがて、肉体関係を迫るようになる。

「美由紀、先生のリサーチでわかったとやけど、マスターはまだあきらめとらんて。

今度はヤクザを雇ってあんたを拉致《らち》しようと計画しとるとよ。大阪か神戸のソープランドで働かせて、最後は東南アジアへあんたを売り飛ばす計画らしか」

純子が美由紀のアパートにやって来て、切羽詰った声で話す。美由紀はおびえた。アパートの部屋は道路に面した一階。美由紀は窓ガラスが割られて男が侵入してくる夢にうなされた。

「先生がね。うちへ避難するよう言いよんなるけん、指示どおりにせないけんばい」

まるっきりの絵空事である。だが、本人は催眠術にでもかかったように純子の言葉に従った。こうして堤美由紀は吉田家に同居することになる。

「堤さんと知りおうたんは、一〇年ぐらい前だったかな。純子がいきなり家に連れてきてから。むかつくわ、チキショー」

純子の夫、浩次は当時を振り返りながら、悔しさをにじませる。このとき、純子はすでに夫の実家を出て、宮の陣の高級マンションへ引っ越してきていた。そこへ美由紀を招きいれ、同居生活がはじまった。平成三年のことだ。マンションでは三人の娘が暮らしていた。いまなお浩次の怒りはおさまらない。

「堤さんの同居は、彼女の実家が柳川で、そこから久留米の病院に通うんは大変やけん、ていう理由でした。子供たちはまだこまかった。それで、堤さんが車で幼稚園の送り迎えなんかして、ずい分なつくようになってね。なんか、母親が二人いるみたいな感じで、だんだん俺の居場所がなくなってしもうたんです。堤さんは完全にマンションに居座るようになったとです。寝る場所は、誰がどこか決まってなく、毎日バラバラでした。自分が堤さんと同じ部屋に寝たことも何度かあった。二段ベッドのある部屋で、自分が上の段で下が娘、堤さんが床にマットを敷いて寝たとです。すると、寝乱れて、彼女のパンツがチラチラ見える。やっぱ男やけん、正直言うてムラムラしました。まだ三〇歳そこそこの女性ですけんね。つい、手ば出しかけたこともありました。すると、純子のやつがものすごう怒ってね。そんなこともあって、二人は何かあると思ていました」

三女のさやかを産んだあと、純子は浩次とのあいだにまた子供を身ごもった。平成三年三月のこと。だが、純子はその子供をおろす。

「純子はあんまり子供の面倒を見るんが好きやなかけん、もういいて思ったとやなかろうか。学生時代にも私の子供を妊娠したことがあって中絶しとるし、実は三女を妊娠したときも、自分からおろしたいと言うとったほどですけんね。三番目んときは、生まれたら自分が休みの日に世話をするけんよかろうもん、ていう約束までして産ませたとです。妊娠がわかったんは、三番目を産んですぐあとでしたけんね。純子は、〝四人も育てられんけん、おろすけんね〟ち言うて、子供をおろしたとです」

このとき、病院で付き添ったのは、夫の浩次ではない。堤美由紀だった。

「美由紀、相談に乗ってほしいことがあるとやけど、よかね」

純子がいつになくしおらしく声を落として言った。

「何か悩みがあるとやなかね。人の相談ばっかり乗らんと、悩みがあるんなら話してみたら」

美由紀は純子に言葉をかけた。

「実はうちも妊娠してしもうたと。でも、亭主は、子育てなんか全然関心がなかとやけん、どうしようかて思うとるんよ。愛情があるわけやなかし。誰にも相談できんかったと……」

純子は美由紀に甘えるように言った。わざわざ相談を持ちかけたのは、彼女の関心を引くためにほかならない。そうして、堕胎に付き合わせたのである。

浩次は、自分の女房と美由紀の関係をあやしんだ。一度、問いただしたことまであるという。

「〝おまえら、おかしいんやなかか、レズやなかとか〟て、純子に尋ねたこともありました。純子は、否定していましたが、たしかに二人は肉体関係があったとです」

平成四年、ついに浩次はいたたまれなくなり、ひとりマンションを出て実母の住む善導寺の実家へ戻ることになる。そして、純子と美由紀はますます絆《きずな》を深めていった。初公判の冒頭陳述にはこうある。

〈（吉田純子は）堤こそは自分の本当の気持ちを理解し、受け止めてくれる人だと信じるようになった。そして、〔中略〕愛情を抱くようになり、被告人堤が自分にとって一番大切な人であるとして、被告人堤を絶対に手放したくないと思うようになり、〔中略〕そして、この気持ちの高まりのなかで、被告人吉田と同堤は、平成四年三月九日ころ、はじめて同性愛の関係をもち、以後この関係を継続した〉

純子は、浩次のいないマンションで美由紀に迫った。

「美由紀が好き、キスして。一度だけでいいけん」

夜になると、純子は美由紀を口説く。

さすがに美由紀もはじめは抵抗した。大和病院の同僚看護婦に相談したという。が、そのことが純子の耳に入る。純子は豹変《ひょうへん》し、美由紀をなじった。

「美由紀、あんた、私のことをしゃべったね。すぐわかるとよ。でも、病院の連中はあんたのことを笑ってバカにしとるんよ。男にだらしない女て。だけん、あんたがしゃべったこともすぐわかるとよ。それがわからんね。信用できるんは私一人だけて、いつも言うとるやんね」

そうしておいて、今度はなだめる。しまいに、純子は例の「先生」の話を持ち出す。

「先生がね、美由紀の身体は中絶のしすぎでもう子供は産めん、て言いよんなさる。結婚もできん。実は先生もむかし同性愛者だったとよ。側近の人たちもね。だけん、美由紀も純子ちゃんと関係をもたないけん、ておっしゃるとよ。美由紀を愛する人は性別を越えて純子ちゃんしかおらん、て……。私も美由紀だけやけん」

そう言いながら、純子は美由紀を押し倒した。それでも美由紀が拒否すると、真っ赤な顔をして罵倒《ばとう》する。

「あんた、そんなことやけん男に騙《だま》されるとよ。いい加減に目を覚まさんね」

そうして二人は、毎日のように関係をもっていった。純子は、ときに猫なで声を出して美由紀に迫った。

「今日は、先生からホテル代をもろうたけん、いっしょに行こう」

マンションでは子供たちの手前があるため、二人はラブホテルをよく利用した。純子は、とりわけ夜勤明けに性欲が高まった。徹夜の疲労で、かえって身体がほてるのである。

「これ、飲むと気持ちがよくなるとよ」

オールピロンという覚醒《かくせい》アンプルを美由紀に差し出す。それを二人で飲んだ。子供のいないときは、マンションで昼夜なく求めあった。そして、純子は驚くべきことを美由紀に告げる。

「どうも、美由紀の子供ができたみたい。先生の知り合いの九州大学の教授に診断してもらったから、間違いなか」

美由紀は、その言葉まで信じてしまったのである。

第三章　詐欺事件

〈高田さんの詐欺《さぎ》事件の動機となった部分が調書に記載されていないところがあります。7月の第一週目に思い出した事として、追加でお話は致しましたが、調書としては、とられなかったので、今回お話します〉

平成十四年四月に逮捕され、身柄を拘束されたままの四人組のなかで、堤美由紀は手紙を書き残している。丁寧な文字でつづられたこの書簡は便箋《びんせん》にしておよそ五〇〇枚。二年以上におよぶ福岡拘置所暮らしのなかで、連綿と書きつづった獄中書簡だ。

書簡は公判のなかでも一部が読みあげられた。が、むろん全《すべ》てが公開されたわけではない。

偶然、その堤書簡を見る機会があった。彼女たちの出会いやその時々の心理状態、まさに事件の全貌《ぜんぼう》が記されている記録――。なぜ、彼女たちがこれほど残忍な犯行を引き起こしたのか。さらに四人組を繋《つな》ぎとめてきた吉田純子の呪縛《じゅばく》。それらが手にとるように透けて見える。

〈吉田さんが先生のリサーチでわかったと言って、高田さんの独身時代の話をしてきました。その内容は、高田さんは以前勤務していた病院で、同僚が医療過誤で訴えられた時（真実は、そのような事実はなく、そのことを唯一《ゆいいつ》証明できるのが高田さんだったのに）、証言台に立つことを拒否し、その為、その同僚が罪人となり、高田さんに対して訴えを起こそうとしているところを先生が止めたということでした〉

一連の事件の発端になる「同僚看護婦に対する詐欺」に触れた一節である。

その日、純子と美由紀は久留米市内の喫茶店で待機していた。並んでソファに腰かけ、呼び出した相手を待った。

「遅くなって、すみません。大変なことになっているようで……」

高田ちさとが息を切らせて店内に駆け込んで来た。職場の同僚看護婦である。

純子と美由紀は、小郡市の大和病院をやめ、久留米市の田丸川記念病院へそろって転職していた。前の病院と同じように、美由紀が常勤の看護婦として働き、純子は相変わらず夜勤のパート看護婦だった。二人が勤務していたのは、ともに二階の病棟。これも以前と変わらない。腕のいい美由紀は、二階病棟の主任看護婦に抜擢《ばってき》された。職場の上下関係でいえば、あきらかに純子のほうが下である。だが、私生活は、あらゆる面で純子がリードしていた。

「高田さん、昨日の晩、電話で話したて思うけど、あなたのミスで阪田さんのご家族から病院に苦情が来とるとよ。病院としても、阪田さんの意識レベルがずい分下がっとるけん、困っとるとよ。私が非番のときのことやけど、責任はあるしね。先生や婦長にも報告せないけんし」

美由紀は主任看護婦らしく、威厳を示しながら患者の苦情を伝えた。高田ちさとは入院患者に対し、本来投与すべきでないイントラリピッドという薬品を点滴してしまったのである。イントラリピッドは、もっぱら重症患者に使われる静脈栄養剤だ。

「それでね高田さん。先方がおっしゃるには、穏便に済ませてもいい、て。もちろん、それなりの誠意ば見せんといけんけど、あなたとは話しとうない、て言いよんなる。だけん、代理人を立ててくれ、て。それで、この吉田さんに頼もうかて思うんやけど」

「私のほうは構わんけど」

純子がすばやく横から短く口を挟んだ。高田に迷う余地はない。

「すべてお任せします。お願いします」

こうして詐欺の舞台が整った。

平成九年三月のことである。純子らは点滴ミスを材料に、田丸川記念病院の同僚看護婦から、まず五〇〇万円を騙《だま》しとる。

田丸川記念病院には、聖マリア看護専門学校時代のクラスメート、池上和子も働いていた。そして、このころ吉田純子は、残るもうひとりの石井ヒト美とも再び交流をはじめる。

「純ちゃん、こんど信ちゃんが結婚することになったとよ。めでたかことやけん、いろいろ頼むね」

堤美由紀と同居をはじめたばかりの吉田純子は、母親の瑞江から弟の結婚について相談を受けた。平成三年のことだ。

純子は浩次と結婚する際、籍を入れただけ。披露宴もあげていない。だが、瑞江にとって、目に入れても痛くないほど可愛《かわい》がっていた息子の信二のときは、そうはいかなかった。

信二は国立の佐賀大学を卒業し、いまも地元柳川市の公立中学校の数学教師をしている。そんな事情があるかもしれないが、弟の結婚披露宴は盛大だった。披露宴は、筑後・柳川藩の藩主邸跡地を利用して運営されている「御花」という柳川随一の高級料亭でおこなわれた。

瑞江は息子の結婚準備に奔走した。瑞江と純子の母娘は、披露宴の準備のため、連れ立って「御花」へ何度も足を運んだ。二人で披露宴に出す料理を試食し、入念に引き出物を選んだ。

結婚式当日には、同居中の美由紀も駆りだされた。美由紀は、家族が挙式や披露宴の打ち合わせをしているあいだ、控え室で三女、さやかの面倒をみた。純子は弟のために、無理して五〇万円も祝儀《しゅうぎ》を包んだ。実はそれは美由紀から巻きあげた金だったのだが、母親の手前、弟思いの姉を演じざるをえなかったのである。

「母の大好きなこの歌を母に捧《ささ》げます」

披露宴で信二は、瑞江のために谷村新司の「昴《すばる》」を大声で熱唱した。

純子も内心は弟に嫉妬《しっと》した。それでも母親の手前あからさまにそんな顔は見せられない。

純子の実家、井口家では、母親が主導権を握っている。その瑞江が溺愛《できあい》してきたのが、弟の信二だった。

「信ちゃんは私に似て色白でハンサムやけど、純ちゃんは全然似とらんもんね。あんたはお父さん似ばい」

純子は、幼いころから口癖のように母親からそう言われつづけてきた。そうして、弟も調子よく母親に話を合わせてきた。

「姉ちゃんとおっ母さんの若いころの写真を比べると、雲泥《うんでい》の差やけんね。おっ母さんのほうがずい分きれいか」

瑞江は娘や息子に若いころのアルバムを見せるのが好きだったという。

「私は広島の準ミスに選ばれたこともあるとよ。でも、純ちゃん、あんたはブスやけん、笑顔ば絶やしたらいかんよ」

瑞江の息子に対する溺愛ぶりは、信二が成人してからも変わらなかった。柳川時代から純子を知る美由紀は、信二の結婚前にも市内にある純子の実家を何度か訪ねている。実家で瑞江や純子と他愛ない会話をして笑っていると、夜になって信二が中学校から帰宅した。

「こんばんは。お邪魔しています」

玄関先の信二の姿を認めた美由紀が、居間から声をかける。しかし、信二は挨拶《あいさつ》ひとつ返さず、さっさと自分の部屋に消えた。すると、瑞江があわてて右手の人差し指を自分の口の前に立てながら言う。

「信二は疲れとるけんね」

機嫌が悪いので声をかけるな、という意味らしい。瑞江は、井口家のなかで息子に最も気をつかい、大事にしてきた。毎朝、息子のズボンにアイロンをかけ、黒い革靴がピカピカになるまで丁寧に磨いた。中学校の職員会議で帰宅が遅くなるときは、夕食を食べずに待つ。

真冬の寒い朝は、信二が家を出る一五分前に必ず車のエンジンをかけておく。車内をエアコンで暖めておくためだ。瑞江は運転免許も持たないのに、そういうことにはよく気がついた。そのためにわざわざエンジンのかけ方を息子に習ったという。

瑞江のそんな溺愛ぶりは、信二の結婚後もつづいた。新婚の信二夫婦は姑《しゅうとめ》と同居した。舅《しゅうと》の軍造は、昭和六十二年に脳卒中で倒れ、リハビリをしながら入退院を繰り返している。病院を転々とし、家のなかは嫁と姑しかいない。瑞江は言った。

「信二が汗水流して働いた大事な給料やけんね。無駄づかいはできんけん、私が預かることにするよ」

そう言われると嫁は従う以外にない。息子も息子で、母親に言われるがまま、中学校の給料袋をそっくり瑞江にわたしていた。

「あん娘は、フランス料理みたいな油っこい料理ばかりつくってから、信ちゃんが成人病にでもなったらどげんするとかね。気もきかんしね」

純子にそうこぼした。息子も、相変わらずそんな母親に歩調をあわせる。女房が子供を身ごもったときもそうだ。出産準備のため、夫婦はしばらく彼女の実家で暮らすことにした。が、信二はちょくちょく母親のもとへ帰ってくる。

「やっぱりここがいちばんやね。おっ母さん」

実家へ帰ると、いつも母親の機嫌をとる。

間もなく、男の子が生まれた。だが、瑞江は孫の誕生を喜ぶわけでもなく、戻ってきた嫁にさらに冷たくあたった。

「だいたい、あげん暗か人は井口家にはあわんちゃけん」

瑞江はついに息子へ離婚をすすめはじめた。信二は瑞江の言葉に押し切られ、そのまま協議離婚。生まれたばかりの子供は、妻が引きとった。

もっとも、周囲から見ると、信二にとって、離婚はそれほどの痛手には見えなかった。実際、離婚以来、生まれたわが子にもほとんど会っていなかったともいう。

「信ちゃん、私がもっと性格の明るか人ば見つけてやるけん、心配せんでよか」

母親からそう慰められた息子は、笑顔でうなずいていた。

「信ちゃん、桝森さんに見てもろうたら、あんたは二度目の結婚で幸せになれるげなよ。私が見つけてきてやるけん」

桝森幸子は、JR佐賀駅ビルで運勢占いをしている人物。純子が浩次と結婚する際、姓名判断をしてもらった、あの女占い師である。信二はこの女占い師の紹介で二度目の結婚をする。瑞江は、はじめ二番目の嫁を手放しでほめた。

「ほんとよう気のつく人ばい。明るかし、信ちゃん、どうね」

「おっ母さんがよかなら、僕はいいよ」

二度目の結婚も同居だった。だが、結局瑞江は、二番目の嫁も気に入らなくなる。

「あん娘は、学もなかし、色が黒いくせに厚化粧ばしてから。似合いもせんのにね。信ちゃんに甘えるような声ばかりだしてから」

瑞江は、またも純子にこぼしはじめた。

「桝森さんも、とんだ人ば紹介してくれたもんばい。あげんかレベルの低いおなごと結婚させるために、苦労して信ちゃんを佐賀大まで出したんやなか。いっしょにてんぷらの芋を揚げとると、そん端から端からどんどん食べるし、ほんといやしか。あん娘にできるんは、猫なで声をだしながら信ちゃんの肩をもむことぐらいばい」

しまいに瑞江は、純子といっしょに柳川の実家に遊びに来ていた堤美由紀にまで愚痴を聞かせたという。むろん瑞江の愚痴は、息子に対する愛情表現の裏返しにほかならない。だが、美由紀には、その瑞江の言動がまるで恋人や亭主に対するそれに見えた。そして、純子は、そんな母親の言葉を常に複雑な思いで聞いていた。

「先生」の登場

吉田純子と堤美由紀が同居をはじめたこのころ、父軍造の病気のせいで井口家の家計はますます苦しくなっていった。以前に脳卒中で倒れた軍造は、なかなか回復する兆《きざ》しを見せない。相変わらず、入退院とリハビリ生活をつづけ、それが家計を圧迫する。一〇〇〇万円近い家のローンの支払いも遅れ気味だった。

実は、信二の二番目の妻が、結婚前に軍造の入院費を立て替えたこともあったが、瑞江はそんなことはすっかり忘れ、嫁の愚痴をこぼすばかり。母親は貧乏暮らしを嘆いた。その愚痴の聞き役はいつも純子だった。

瑞江にとっては、借金のことで可愛い息子に心配をかけたくなかったのかもしれない。その分、瑞江は金のことで純子に泣きついた。そういう時だけ瑞江は、久留米市内の純子を訪ねて、彼女を持ちあげた。そのうえで、やれテレビが壊れた、エアコンが古くて調子悪い、と言っては、純子にねだる。瑞江は広島にある自分の実家に里帰りする費用まで娘に負担させていた。

「お金のことは、いつも私やけんね。ほんと母には参ると。母のあんなとこが大嫌い」

純子は同居中の美由紀にこぼしたが、ある意味で本音だったに違いない。ただ、金を出すのはまんざら悪い気はしなかった。母親からほめられるからだ。

だが、その純子自身、台所事情は火の車だった。夫浩次の実家を担保にして借りまくった借金は一向に減らない。一〇〇〇万円を優に超えるカードローンにも苦しんだ。かといって、これといって稼ぐ手立てがあるわけではない。そこで、当面の金ヅルとして選んだ相手。それが同居中の堤美由紀だった。吉田純子は、このあたりから、のちに見せるような詐欺《さぎ》師の片鱗《へんりん》を徐々にのぞかせていく。

まだ大和病院に勤務していたころ、純子が病院の忘年会を取り仕切ったことがある。彼女たちが勤める二階病棟の出し物として、看護婦全員参加のラインダンスを提案した。純子は希望して美由紀のいる二階病棟に勤務してきたが、このときは新しく隣接してつくられた老人健康施設勤務になっていた。だが、みずから買って出て、美由紀たちの出し物に参加した。

忘年会のイベントといっても、カラオケに合わせて歌って踊るごく簡単なもの。山本リンダのヒット曲「狙《ねら》いうち」に合わせ、ビキニ姿の看護婦たちが腰をくねらせて踊るという趣向だ。題目は「うららジンジン狙いうち」。曲のカラオケカセットを純子が調達した。

　そうして忘年会が無事終わった数日後――。

「美由紀、困ったことになったと。どげんしようか」

　純子が美由紀に真剣な表情で相談をもちかけてきた。

「あの、うらら、うらら、ていうカラオケね、久留米大学付属病院の先生から借りたと。でも、ちょうど同じ日に久留米大学の忘年会があって、あれを使うことになったらしか。で、肝心のカラオケがない、て教授たちが怒ってね、知り合いの先生が責任ばとらされそうなんよ」

　ありえない話なのはわかりそうなものだが、美由紀はそんな嘘《うそ》も信じた。さらに純子はたたみかける。

「それで、先生は一〇〇万円も払わないけんようになったらしか。あんまり申し訳なかけん、私も主人に内緒で負担しようて思うけど、美由紀もいくらか出さんね」

　美由紀はつい乗せられる。

「まあ、二〇万円くらいなら何とかなるけど」

　折しも、純子の弟、信二が最初の結婚式をあげたころの出来事。純子が五〇万円の祝儀を包んだ結婚だ。そこで、美由紀はまんまと二〇万円を騙しとられた。こんな単純な手口に乗せられるのは、自分自身の男問題を純子に解決してもらったという負い目が影響しているともとれるが、純子はのちに他の人間からも似たような手口で金を騙しとる。

これ以後、純子は、考えられる範囲のありとあらゆる理屈をつけては、美由紀から金を巻きあげていく。まずは彼女のかつての不倫相手と別れさせるために使った費用として。また、美由紀の姉や兄が浮気してトラブルになり、それを例の「先生」が処理したと嘘をついた。それらの名目で、純子は美由紀から次々と金を騙しとっていった。

純子は、女五人、男一人の六人きょうだいの末っ子の美由紀に対し、兄や姉との縁を切らせようと画策もしている。美由紀が純子と暮らしはじめて間もないころ、信販会社のクレジットカードを紛失したことがあった。実際は純子が盗んだものだ。すぐにカード会社に紛失を届けようとした美由紀を制して、純子が言った。

「ちょっと待たんね。先生にリサーチしてもらうけん。すぐに見つかるよ」

純子が美由紀を騙すとき、常に効果を発揮したのは、彼女が「先生」と呼ぶ架空の人物だ。

「美由紀、あんたの義理のお兄さんは性質が悪かね。このあいだ、なくした言うとったクレジットカードがあるやろ。実は先生のリサーチでわかったことやけど、あれ、四番目のお姉さんの旦那が盗んどったげな。自分の浮気相手に貢《みつ》ぐためにあんたのカードを盗んだらしか」

ふつう、月々のクレジットカードの支払いは、持ち主の銀行口座から引き落とされる。彼女の場合もそうだ。当然、美由紀も紛失したカードが使われないよう、信販会社に紛失届けを出そうとしたのだが、そうされて困るのは純子のほうだ。

「先生がね、もうちょっと泳がせとくよう、て指示しとんなさる。だけん、そうしたほうがよか。あとはぜんぶ任せんね」

そう言って届けを出させない。そして、嘘がばれないよう口止めをする。

「先生が動いとる以上、このことは誰にも口外したらいけんよ。もちろんお姉さんにもね」

そうして美由紀から預金通帳まで取りあげた。信販会社から送付されてくるカードの使用明細も純子が管理した。いくらカードで使っても、当面美由紀にはわからない。

純子は言った。

「それにしてん、お姉さんもひどか人やんね。このあいだばったり会うたら、美由紀のことば男グセが悪うて迷惑かけさせられてばかり、て無茶苦茶悪う言うんよ。親きょうだいうても、信用したらひどい目にあうばい」

純子の狙いは、美由紀と家族たちとの分断。その思惑どおり、次第に彼女は自分の親きょうだいと疎遠《そえん》になっていった。かつて高校時代に使ったのと同じ手口だ。騙した相手やその関係者のあいだで話し合われたら、嘘が露見する。それを防ぐため、相手の人間関係を壊してしまうやり方である。

美由紀は、病院の給与など、金銭管理をすべて純子に任せるようになった。純子に言われるがまま、最終的には例の「先生」の名前が出て、言うことを聞かざるをえなくなるのだ。

「美由紀、あんたのために先生が使ったんは、相当な金額らしか。家が二、三軒くらい建つくらいげな。先生の側近たちは借金までしてあんたのことを助けてくれたとよ。先生もあまり資金繰りは楽じゃなかけん、少しずつでも返さんね」

純子はこれまで以上に美由紀に無理難題をおしつけるようになる。

「どうせこれからも世話になるっちゃけん、先生の側近たちにあんたのカードを渡しておいたらいいばい。そんなかから、美由紀のためにかかる経費を使うてもらえばよかやんね」

さすがに美由紀も嫌がった。

「先生に、もう私のためにお金を使うのはやめてほしい、て伝えてもらえんやろうか」

すると、純子は顔を真っ赤にして怒鳴る。

「あんた何言うとるとね。あんな高貴な方に平民のあんたがそんな口をたたくて。もう任せる以外になかとよ」

結局、美由紀は純子からそう言われ、銀行や信販会社のクレジットカードを新たに八枚もつくらされた。それらのカードをすべて純子が持ち歩いていたのは、言うまでもない。

しかし、こうして堤美由紀からいくら金を巻きあげても、焼け石に水。瞬《また》く間に買い物や旅行などの浪費に消えていった。純子はその一方で、借金の返済にも追われていた。純子自身の借金やカードローンも、嫌になるほど残っている。ひと月数万円の金利払いが滞り、さらにサラ金から借金を重ねた。

資金繰りに窮した純子は、やがて美由紀だけではなく、周囲の人間から手当たり次第に金を騙《だま》しとっていくようになるのである。

四人組の初公判の検察側冒頭陳述によれば、純子は〈平成五年三月に同僚看護婦から五〇万円、同六年六月にも同僚看護婦から一〇〇万円〉の借金を踏み倒している。

さらに、美由紀の実母ミサエの預金にまで手を出した。

美由紀は看護婦になってからおよそ一〇年間、母親のミサエに月々三万円届け、年二回のボーナス時には一〇万円手渡してきた。

「へーえ、美由紀、それなら六〇〇万円近うお母さんに渡してきたとやね」

純子は電卓をたたきながら、何気なく美由紀に確かめた。純子は、美由紀の仕送りのおかげでミサエの預金がそれなりの金額になっていると踏んだ。

そこで純子は、まずひとりで美由紀の母親のところを訪ね、すでに八〇歳を超えている老母に対して言った。

「お母さん、実は美由紀が交通事故ば起こしてしもうてから、被害者に損害賠償請求されとるとです。主人に内緒で私が慰謝料を立て替えたんやけど、それが彼にばれたら大変なことになる。だけん、なんとかしてもらえんでしょうか」

当然、ミサエから美由紀に連絡が入る。ミサエは彼女を呼びつけた。

「あんた、人さまからお金を借りたらいけんて、言うてきたろうもん。はよ返しなさい」

ミサエは娘に自分の貯金から純子に金を返すよう伝えた。実際、純子を通じて「先生」に借金があると思い込んでいた美由紀は、うなずくしかない。こうして純子は、美由紀の母親の預金をも取りあげてしまったのである。

純子は美由紀に預金通帳ごと持ってこさせようとしたが、それはさすがに拒否された。六〇〇万円以上の貯金があると見た純子は、五五〇万円をおろさせ、それを巻きあげている。最終的に預金通帳そのものに狙いを定めるのだが、それはもう少しあとのことである。

このあたりから純子の行動はエスカレートしていった。この時期、交流を再開した聖マリア看護専門学校時代のクラスメート、池上和子や石井ヒト美をも狙った。のちに世間を騒然とさせた白衣の四人組の他のメンバーたちをも、当時の純子は、単なる金ヅルとしか見ていなかったのである。

次なるターゲット

看護学校時代に交換日記まで交わしていた石井ヒト美は、結婚後、夫の浮気に悩んできた。あげく別居していた。

この石井ヒト美の夫が、のちに殺害された久門剛である。もともと、ヒト美に剛を紹介したのは、独身時代の純子だった。剛は、純子が夫の浩次と交際する前に付き合っていた男性だったとされる。ひょっとすると、初体験の相手だったかもしれない。

平成十四年に開かれた四人組の初公判の検察側冒頭陳述にも、その経緯が記されている。そこには、

〈被告人吉田と被告人石井との関係〉

としてこう書かれている。

〈被告人吉田は、以前交際していた男性を被告人石井に紹介し、これが縁となって被告人石井はその男性と結婚した。被告人石井にとって、被告人吉田は誰にも話すことのできない家庭内の秘密をも隠さず話し、誰にも相談できないことを相談できる唯一《ゆいいつ》の親友と思うようになっていった〉

さらに冒頭陳述はこう続く。

〈しかし、被告人吉田は、平成六年三月、被告人石井が被告人石井の夫の借金が原因で被告人石井の夫と別居し、北九州市内に持っていたマンションを一〇〇〇万円で売却して実家に戻ってきたことを知ると、被告人石井の夫の借金問題に付け入り、被告人石井からことごとく金を取ることを企てた〉

平成六年六月四日、吉田純子は石井ヒト美から、マンションを売った金を騙しとろうと計画する。共犯として選んだのは、やはり堤美由紀だった。純子が美由紀に囁《ささや》いた。

「美由紀、実はこのあいだ久門さんと会ったんよ。ヒト美もずい分男運がなかばい。あげな男と結婚してから。借金だらけで困ってマンションを売り払った、て言うげな。しかも、ヒト美はあの性格やけん気づいとらんけど、旦那はマンションを売った金で女と暮らすつもりらしか。だけん、ヒト美を助けるためにひと芝居うってくれんね」

純子の計画はこうだ。まず、美由紀が興信所の調査員になりすまし、ヒト美の実家に次のような趣旨の電話をする。

「夫の剛の借金を清算しなければ、ヒト美さん自身がそれを肩代わりしなければならなくなる。それどころか、剛は別の女と暮らすつもりです。それを心配したヒト美さんの親友である吉田純子さんが、ヒト美さんの代理人になると言ってくれている。だから吉田さんに借金問題の処理を任せたほうがいいのでは」

美由紀はこのとおり、ヒト美の実家に電話した。ここでなぜ唐突に純子が登場するのか、といえば、もともと剛をヒト美に紹介したのが純子だからという理由だ。わざわざこんな面倒なことをしたのは、ヒト美がみずから純子に相談を持ちかけるよう仕向けるためだった。

冷静に考えれば、こんな幼稚な仕掛けは簡単に見抜けそうなものだが、実際、ヒト美は夫の浮気性に悩んでいた。藁《わら》にもすがる思いで、純子に連絡をした。そこで純子が、彼女を言葉巧みに騙す。

「実は、相手の女が剛さんに七〇〇万円貸しとる言うんやけど、どうするね。女のバックにはちょっと厄介な連中がおるけん、それで済むなら、そのほうがよかて思うけど」

そうして七〇〇万円を騙しとった。おまけにこうも言った。

「実は、私がその前に五〇万円ばかり立て替えとるんやけど、それはどうしようか」

しめて七五〇万円。純子は大金を手にした。

味をしめた純子は、次のターゲットに池上和子を選んだ。

和子は、四人組のなかでも最も若く、顔立ちもかわいらしい。純子と同じ柳川出身の和子は、純子とは対照的に裕福な家庭に育っている。ひとり娘で両親からもひと一倍可愛《かわい》がられた。

看護学校卒業後、聖マリア病院に勤務していたころに平田栄治と知り合う。栄治は設計会社の管理部門に勤めるごく普通のサラリーマンだった。一級建築士の資格もあり、月給も悪くない。和子は間もなく栄治と結婚。やがて子育てに専念したいと、病院をやめ、夫の収入だけで暮らす専業主婦となる。

純子より一歳年下の和子は、甘え上手な面がある。結婚後も折に触れて純子に電話をかけてきた。

純子はそんな和子に対して、美由紀やヒト美とは違った感情を抱いてきた。それは恵まれた環境で暮らしてきた和子に対する嫉妬《しっと》というだけではない。

美由紀と同居をはじめた平成三年当時、夫浩次とのあいだに双子をみごもっていた純子は、子供をおろした。それを日常会話のなかで和子に話したことがある。

その後の平成七年十一月、和子は娘を産んだ。出産するために選んだ病院が、純子の堕胎した病院と同じところだった。そこで、和子は純子に思わず口をすべらした。

「あそこはさすが分娩《ぶんべん》もうまかったよ。吉田さんの堕胎のときもそうやったろ」

プライドの高い純子が、年下の和子からこんなことを聞かされては穏やかなはずがない。

「どういう意味ね？」

そう聞いた純子に対して、和子がまた余計なことを言った。

「実は病院選びは、母にも相談したんです。母も、吉田さんがそんだけうもう堕胎できたところやったら、間違いなか、て言うてましたよ」

純子は内心はらわたが煮えくり返る思いがした。そして復讐《ふくしゅう》に出る。

純子が和子を騙すのに利用した材料は、和子の聖マリア病院時代の出来事だった。あげく山本和子は、気にいらない山本あけみという同僚の准《じゆん》看護婦をいじめ抜いた。やむなく山本は別の婚約者に彼女の悪口を吹き込んだ。それで、婚約は破談になる。やむなく山本は別の男性と結婚した。だが、その後の結婚生活はうまくいかなかった。こうした情報を得た純子が、和子に近づいてさりげなく言った。

「池上ちゃん、あんた山本さんがいまどうなっとるか知っとうね？　あの婚約者と別れたばっかりに酒乱の亭主と結婚ばして、さんざん暴力を振るわれてきたと。可哀想《かわいそう》に生まれた子供は身体障害者らしか。それで、彼女はあんたのことをものすごう恨んどるとよ」

あくまで最初はやさしく語りかける。だが、心当たりのある和子は、みるみる顔が青ざめた。和子は大事に育てられたせいか、内弁慶で、弱点を責められると、とたんにしおらしくなる。純子はそこに付けこんだ。追い討ちをかけるように言った。

「山本さんが井田佳寿恵ていう人を代理人にして、損害賠償請求するて言うとるとよ。この井田さんていう女が厄介な人たい。うしろに暴力団がついとる。何するかわからん。何なら、私が交渉してみるけど、どげんしようか」

むろん、「井田佳寿恵」は純子がでっち上げた架空の人物である。だが、和子は山本が復讐のために「井田佳寿恵」を雇ったと思い込んだ。和子は恐怖のあまり身体が震えた。

「どうすればいいんでしょうか。お金で何とかなるなら、そうしたいんですけど」

和子は、こうして純子の術中にはまった。

平成八年二月、和子は柳川に住む実家の父親から一一〇〇万円も借り、現金をそっくり純子に渡した。と同時に、翌三月、専業主婦だった和子は、純子たちのいる田丸川記念病院で働きはじめる。

あとは純子の思うがままにことが運ぶ。勢いづいた純子は、さらに山本の代理人、「井田佳寿恵」の後ろ盾になっているという暴力団の影をちらつかせた。純子が言った。

「井田さんは、池上ちゃんに山本さんの生涯を償ってもらう、て言いよんなる。彼女の一生が無茶苦茶になってしもうたんやけん、誠意は見せないけんかもしれんね」

「できるだけのことはします」

和子は、そう約束する以外になかった。

結果、わずか一年のあいだに和子が純子に渡した現金は、二八〇〇万円にも膨れあがったのである。

これだけの大金をいとも簡単に手に入れた純子が、さらにみずからのやり方に自信を深めたのは、言うまでもない。そして、この「約束」が和子をのちのちまで縛っていく。

平成八年三月、吉田純子は久留米市内の「ムーンパレス野中」の五〇六号室へ引っ越した。久留米市内屈指の高級マンションとの触れ込みの建物だった。マンションの購入資金は別居中の夫、浩次がローンを組んだ。部屋の名義も夫だが、住んだのは三人の娘たちと純子。このときも浩次はコロッと純子の口車に乗せられている。浩次の述懐。

「新しいマンションば買うたとき、別居はしちょったけど、娘たちが住む場所は確保してやらんといけん、て思うたんです。それで、純子が、〝月々の払いは前のマンションの家賃とそげん変わらんけん〟て言うもんやけん、なら買うた方がいいと思ったとです。前の家賃もずっと俺が払っとったけん、いっしょやろうて考えたとです」

夫に新しいマンションのローンを支払わせておいて、自分だけは贅沢三昧《ぜいたくざんまい》。純子は、ますます生活が派手になる。四六万円の高級家具や二一万円のオーダーメードカーテン、二七万円の浄水器……、不必要に高級なものばかりを片っ端から買い込んだ。月々の生活費は少ないときで一〇〇万円以上、ときには二〇〇万円も浪費した。

高級ブランドバッグを買いあさり、外食も増えていった。

純子はますます増長した。だが、贅沢な暮らしから離れられなくなった彼女にとって、もはや美由紀やヒト美、和子たちからの金だけでは足りない。もっと大口で金をつかむ方法を考えはじめた。そうして、詐欺《さぎ》の手口をエスカレートさせていったのである。

医療ミス

「純ちゃん、困ったことが起きたとよ。家がシロアリの巣になってしもうてから、このままなら倒れてしまう言うんよ」

平成九年の年が明け、純子は実母瑞江からこう相談を持ちかけられた。このころ、「ムーンパレス野中」に越した純子一家では、長女の素行が悩みの種になっていた。

長女の紀子は、三人の娘のなかで性格が最も純子に似ているかもしれない。小学生時代からグレはじめ、中学校にあがる前には、母親との仲が険悪になっていった。そして、同居中の堤美由紀が、母娘のあいだをとりもつ役割まで担《にな》うようになる。

同居をはじめて以来、美由紀は幼い娘たちの面倒をみてきた。長女の小学校の授業参観に出席し、次女や三女の幼稚園の送り迎えまでした。いきおい娘たちは美由紀になついた。長女の紀子も、母親よりむしろ美由紀を慕った。紀子は彼女のことを「美由紀おねえさん」と親しみを込めて呼んだ。

しかし、逆に純子はそんな娘を毛嫌いするようになっていく。

ちょうどこのころ、純子が紀子と美由紀を誘い、京都へ旅行に行ったことがある。旅行費用は二八万円だった。

「美由紀おねえさん、いっしょに写真をとろうよ」

太秦《うずまさ》映画村で美由紀と紀子が記念撮影をした。紀子が美由紀と腕を組んで甘える。それを見つけた純子は、烈火のごとく怒った。

「なんであんたたちだけで写真ばとるとね」

道端で美由紀と紀子を怒鳴りつけ、あげく美由紀を平手打ちする。さすがに美由紀も反撃し、大騒動になったという。

「ごめんね美由紀おねえさん。私のせいで」

紀子は泣きながらとめた。しかし、純子はそんな娘を苦々しく思っていたに違いない。

「このマンションにあん子の部屋はなかよ。ひとり部屋にしたら私の部屋がなくなるけんね」

新しいマンションに引っ越す際、純子は美由紀にあからさまにそう言った。さすがに娘に面と向かって言ったわけではないが、多感な時期の少女は、そんな母親の態度に敏感に反応する。

「美由紀おねえさん、この家には私の居場所はなかとやけん。ばあちゃんの家で暮らそうて、思うんやけど」

紀子は美由紀に打ち明けた。美由紀は紀子が母親と離れて祖母と暮らすのを何度もとめようとした。が、もはや言うことをきかない。

紀子は、別居中の父親、浩次を頼りにすることもなかった。浩次は浩次で自棄《やけ》になり、休日も子供たちの住むマンションへは寄りつかず、パチンコばかりしていた。

純子は、美由紀にばかり相談をする娘に対し、ますます怒りを覚えた。

「なんで私なんか産んだんね、お母さん」

「親は子供を選べんとよ」

そんないさかいがしょっちゅう繰り返された。純子は、紀子が家にいると不機嫌になり、美由紀や他の娘たちに当たり散らす。紀子はますます家に居づらくなっていった。

結果、長女は中学二年生になると、マンションを出た。母親と別れ、柳川にある純子の実家で暮らしはじめたのである。昭和五十八年生まれの紀子は、まだ一四歳。紀子は実家の近くの柳川の公立中学校へ通い、純子は自分の娘の養育費として、瑞江へ月々五万円の仕送りをするようになる。

純子が実家の母、瑞江からシロアリ駆除の話を相談されたのは、そんなときだった。

「うちもずい分古うなったけん、シロアリで倒れてしまう。一〇〇万円ばかかるとやけど、都合つかんやろうか。それに、古うなった橋もちょこちょこ修理せんばいけんし、バカにならんとよ」

純子は瑞江からそう持ちかけられた。ただでさえ母親に弱い純子は、紀子を預かってもらう手前、その金を用立てるしかない。だが、石井ヒト美や池上和子などから騙しとってきた金は、右から左に使い、ほとんど残っていない。同居している美由紀の預金も底をつきはじめていた。

そこで、思いついたのが、同僚看護婦への詐欺だったのである。

平成九年三月。田丸川記念病院の二階病棟で勤務していた堤美由紀は、看護婦仲間の話で高田ちさとの点滴ミスを知る。

高田ちさとが、誤ってイントラリピッドという栄養補給剤を阪田という患者に投与してしまったのである。この薬は、同室に入院していた別の女性患者へ毎週水曜日に点滴投与するものだった。普段の担当看護婦は高田ちさとではない。だが、三月十二日のその日に限って、彼女がその点滴を任された。そこでなぜか点滴があらかじめ阪田にセットされており、それをちさとがそのまま投与してしまったのである。

翌十三日、美由紀は同じ病棟の看護婦からこの事実を聞かされた。単なる夜勤パートの純子と違い、美由紀は二階病棟の主任看護婦。患者からの苦情処理も担っていた。本来、看護婦にミスがあれば、担当主治医や婦長などに報告した上で対処しなければならない。美由紀も、一応主治医には報告した。だが、同じことを純子にも伝えた。すると、すぐさま純子が動いた。

もっとも、栄養補給剤であるイントラリピッドは投与ミスがあっても、たいていの場合、実害はない。実際、誤って投与された患者の阪田にも異状は見られなかった。それを承知の上で、彼女たちはちさとを脅すことにした。

話を聞いた純子は、まず高田ちさとの貯金を調べた。当直勤務の同僚看護婦から、雑談のなかで聞きだした彼女やその家族の預金は一五〇〇万円。純子は小躍りした。

「こんなに貯金があれば、少々減っても騒ぐこともなかやろ」

純子は早速ちさとから預金を騙《だま》しとる算段をした。言うまでもなく、詐欺のパートナーは堤美由紀である。主任看護婦という美由紀の立場は、その役目にうってつけだった。

「美由紀、先生のリサーチで判明したことやけどね。高田ちさとが以前に勤めとった病院で、仲間の看護婦が医療過誤で訴えられたことがあったらしい。本当は大したミスじゃなかったんやけど、高田がそれをミスじゃなかった、て法廷で証言せんかったばかりに、その看護婦が罰せられたらしか。そんバチが今度は自分のほうにまわってきたとやね。だけん、自分自身も同じ目にあうとたい。彼女の勉強のためにも金ばとらんといけん、て先生が言いよんなる」

あまりにも妙な理屈だが、美由紀は「先生」という言葉が出ると弱い。すでに純子に言われるまでもなく、指示どおりに動かなければならない、と自分自身に言い聞かせるようになっていた。

「でね。患者さんの家族から電話があったことにしよう。あの人も、いい勉強になる。授業料て思えば安いもんやんね」

そうして、美由紀が高田ちさとを郊外の喫茶店に呼び出した。そこに純子が同席する手はずだ。ちさとの代理人として、患者の家族との交渉にあたるというお決まりのパターンである。ちさとはそれにまんまと引っかかった。

「ご家族には、五〇〇万ぐらいは払わないけんやろうね。下手をすれば看護婦の免許ば取り消しになるところばい。金で済むとやけん、そのほうがいいて思うよ」

空になりかけたコーヒーを飲みながら、上目づかいに純子がちさとに告げる。

「そのくらいのお金なら、なんとか準備できます。よろしくお願いします」

喫茶店の交渉から四日後の三月二十四日、高田ちさとは四〇〇万円の定期預金を解約した。ファミリーレストランの駐車場で純子たちと落ち合い、そのまま現金で手渡した。さらにその二日後には、生命保険を解約して一〇〇万円を追加。こうして吉田純子は、いともたやすく五〇〇万円を手にしたのである。単純といえば、単純きわまりない詐欺の手口だ。だが、騙される場合はそんなものかもしれない。

おまけに誤って栄養剤を点滴された入院患者が、この年の四月に急逝《きゅうせい》。もちろん点滴ミスが原因ではない。だが、純子たちは、そこにもつけ込んだ。高田ちさとに対し、賠償請求額を上乗せし、さらに五〇〇万円を騙しとる。そのうえ、誓約書まで書かせたのである。

「今後、二〇年間にわたり、毎月四万円、年二回のボーナス時には、必ず一〇万円を指定の口座に振り込むこと」

誓約書にサインさせられたちさとにとっては、この先二〇年で一三六〇万円も支払わなければならない計算になる。彼女は、この時点でようやく疑念を抱きはじめる。投与した栄養補給剤「イントラリピッド」について調べた。そこで、点滴ミスと患者の死因とはまったく関係ないことが判明する。

詐欺にあったと知った高田ちさとは、弁護士に相談した。そうして、弁護士同伴で純子たちに直談判するのだ。ちさとは純子たちを弁護士事務所に呼び出した。純子も弁護士に依頼し、双方、弁護士の立会いのもとで話し合いがもたれた。

「ぜんぶ嘘《うそ》やったとやなかね。今まで渡した一〇〇〇万円ば、すぐに返してよ」

つづいて高田ちさと側の代理人になった弁護士も、言葉を補った。

「あなたたち、これは刑法の詐欺罪にあたりますよ。警察に届け出てもいいと考えていますが、どうかね」

だが、純子は動じない。事前に嘘がばれていることを察知していた彼女は、あらかじめ対策を練っていた。

「私らは嘘なんかついとらんよ。ねえ美由紀。これ見てみないっ」

患者の家族に慰謝料を渡したという偽《にせ》の領収書まで突き出した。そして、まくし立てた。

「何もこげんこと好き好んでしたわけじゃなか。あんたがお願いしますて頼むけん、患者さんとのあいだに立っただけやんね。違うね。こっちは善意でやってきたとよ。それをまるで騙して金ばとったて言われるげな、情けなか」

自分自身が雇った弁護士にすら口を挟ませないほどの迫力。あまりの口調の激しさに、ちさとをはじめ、その場にいる弁護士二人も黙り込んだ。純子は相手の弁護士の手がワナワナ震えだしたのを見てとる。すると、さらに勢いに乗って言った。

「警察でんどこでんいいけん、訴えればいいやんね。そしたら、あんたのしてきた点滴ミスもハッキリするけん、そのほうがよか」

弁護士といえど、医療知識があるとは限らない。そのため、結果的に純子たちの言い分が通ってしまったのである。そうして、事件はうやむやになってしまう。

この帰り際《ぎわ》、純子は美由紀に自慢した。

「美由紀、どうね私の演技力は。私がおらんけりゃ、この場は乗り切れんかったろうもん」

そして、後日、美由紀にこうつけ加えることも忘れなかった。

「実は、警察のほうは先生に押さえてもらったと。検察庁のトップに頼んだて言いなさってたよ。これで、あの方がどれほど力があるかわかったろうもん」

そもそも純子の詐欺の最初のターゲットは、この堤美由紀である。純子は、わずか二〇万円の金を手に入れる目的で、大和病院の忘年会を材料に使って美由紀を騙した。それは弟の結婚式の祝儀五〇万円を捻出《ねんしゅつ》するためだった。そこから、看護学校時代に最も仲のよかった石井ヒト美、さらに元クラスメートで一歳年下の池上和子。美由紀も含め、のちに同じマンションに住むようになる白衣の四人組のうちの三人は、吉田純子が企てた最初のころの詐欺の犠牲者だったのである。

それがいつしか彼女の共犯になっていく。純子は四人組以外の身近なところから手っ取り早く金を調達するようになり、勤務先の同僚看護婦に狙いを定めた。それが、点滴ミスに乗じたこの詐欺事件である。

しかし、彼女の詐欺のパートナーとして何度も片棒を担《かつ》いできた美由紀が、これら純子のしてきたことにまったく疑念を抱かなかったのか、といえば、決してそうではない。むしろ、心の奥底では、自分自身も騙されてきたことに気がついていたに違いない。のちに白衣の四人組になる、石井ヒト美や池上和子もまた同様である。

だが、吉田純子は、そうした周囲の疑念も封印してしまう。弁護士まで丸め込んだ。

そんな不思議な力を持っていた。

吉田純子とかかわった人間たちは、しばしばその思考回路が停止し、彼女の思惑どおりに動かされていく。

第四章　最初の殺人

〈今回は吉田さんの実母である井口瑞江氏と吉田さんの事件前後の関わりについてお話しします〉

堤美由紀が拘置所内で記した書簡は、四〇通以上にのぼる。その膨大な書簡をめぐると、吉田純子の母娘関係について触れた記述が数多く出てくる。

純子は父親にはあまり関心がない。あくまで関心事は、母親の瑞江のことだった。美由紀には、どうしたら母親の気を引くことができるか、純子がそればかりを考えているようにも見えたという。

なかでも美由紀は、それぞれの事件前後に純子から聞いた瑞江の話が、妙に印象に残っているという。田丸川記念病院で同僚看護婦から一〇〇〇万円を騙《だま》しとった事件のあとの純子の言葉。それは第一の保険金殺人の少し前のことでもあった。

「矢ヶ部（柳川市）の家が銀行ローンの担保になっとるんは知っとうよね、美由紀。まだでも、ローンは全然減っとらんとよ。一〇年で一〇〇万円しか返しとらんげな。まだ九〇〇万円も残っとるて、母が泣くんよ。何とか気持ちを軽うしてやりたいて思うんやけどね」

詐欺《さぎ》事件を引き起こしたころ、美由紀は純子から、口癖のようにこう聞かされていた。

「父は頭をやられてあの状態やろ。借金も残っとるし、よけいに残された母が可哀《かわい》そうでね。ねえ美由紀、いっそのこと久留米に呼ぼうかて、思うんよ」

純子と美由紀は、その年田丸川記念病院をやめた。偽《にせ》の誓約書まで書かせ、さらに金を吸い上げようとした計画は、さすがに断念せざるを得なかったのである。

そうして問題の平成十年の幕があけた。純子一家にとっては、ちょうど長女の紀子が中学三年生の三学期をむかえた時期だ。次女のエリと三女のさやかはまだ小学生。

純子は三人の娘のなかで、とりわけ次女のエリを可愛《かわい》がった。三人の娘のなかではいちばん顔立ちが整っている。その小学生のエリにフランス製の高級香水をつけさせ、タレント養成の専門学校や芸能プロダクションにまで通わせていたほどだ。

下の二人の娘は、ずっと純子や美由紀と久留米市内で暮らしていたが、長女の紀子はひとり中学二年生から柳川市内にある純子の実家で祖母と住んできた。だが、高校進学をひかえ、いつまでも祖母に預けておくわけにもいかない。また祖母ともうまくいっていなかった。そこで高校受験を機に、紀子を久留米に呼び戻すことになる。

この間、純子本人の生活は相変わらずだった。高級エステ通いはもちろん、高価な美容食を注文して食べはじめた。

純子は凝り性でもある。宝くじにはまり、一度に数百枚も買う。また福岡市内の高級ホテルに宿泊して好きな歌手のコンサートに出かけたり……、他人の金でやりたい放題だった。純子はいつしか、自分自身が裕福になったと錯覚した。

だが、現実には、カードローンやサラ金などの借金が減っていたわけではない。そんなことを気にしないでいいほどの大金をつかみたい、そう考えるようになっていった。

そんな吉田純子が思い立った次なる犯行。それが保険金殺人だった。その最初のターゲットに定めたのが、池上和子の夫、平田栄治だったのである。

豹変《ひょうへん》

「私は人間以外の生き物は大きらい。とくに昆虫なんかは駄目やんね。子供んころ、ようカミキリ虫を捕まえてきては、触角をハサミで切って遊んどったよ」

堤美由紀は、いまも吉田純子のこの言葉が頭に焼き付いて離れないという。

「そうしてフラフラになったカミキリ虫を、マッチで火ばつけて燃やすと。あと、道端で動いている虫を踏みつぶすんが好きやった。スカッてするもんね。やっぱり私にはサドっけがあるて思うよ」

現に純子は、美由紀の目の前で何度も残酷な行為を見せつけている。その残酷な行為はやがて人間に向けられる。

純子は野放図なわりに変にきれい好きなところがある。アルコール消毒用のウェットティッシュをいつもバッグに入れ、汚れに気づくとふきとった。電車の吊《つ》り革につかまる際にも、ティッシュを出し、丸い輪をさっとふく。他人が握ったあとのぬるっとした感覚が嫌でたまらないのだという。

そんな純子の最も嫌った生き物のひとつが、鳩だった。

「ムーンパレス野中」に越してくる前、美由紀と同居をはじめたマンション「サンハイム」のベランダには、どこからともなく鳩がたくさんやって来た。鳩はベランダで糞《ふん》をし、それがあちこちに残る。純子はそれに無性に腹を立てた。鳩が来るたびにベランダに駆け出し、箒《ほうき》で追いかけまわすのが常だった。一度、箒の柄《え》が命中し、鳩がベランダに落ちたことがある。その鳩を何度も何度もうちつけた。鳩がみるみるうちに真っ赤な血で染まる。が、それでもやめようとはしなかった。

「せいせいしたばい、美由紀」

純子はそう言って、鳩の死骸《しがい》を片付けるよう美由紀に命じた。

そんな純子の暴力的な行動は、むろん鳩や昆虫に向けられるだけではない。同居していた三人の娘や美由紀自身も、彼女の犠牲者といえる。

堤美由紀は逮捕された後、福岡拘置所内で純子との生活がしばしば夢に出てきた。そのたびにひどくうなされ、一時は夢と現実の見境がつかなくなるほど錯乱したという。

同居後の吉田純子は豹変《ひょうへん》した。小郡市の大和病院でいっしょに働きはじめた当初、彼女の悩みを真剣に受け止めていた優しい姿は影をひそめた。機嫌がいいときもあるが、一変して暴力的になる。美由紀にとっては、まるでアルコール中毒の暴力亭主との生活のようだった。

「美由紀、ドメスティックバイオレンス、ていう言葉を知っとうね。やさしいてばかり思うて人間を甘うみとったら、ひどい目にあうていうことばい」

純子は、その言葉どおり、ガラリと態度を変えた。テレビでサスペンスドラマの殺人シーンを見ながらつぶやく。

「美由紀、私やったら、こげんすぐには殺さんよ。もっと相手を苦しませないけん。

フォークかナイフで目玉を片方ずつ、くり抜いて、ペンチで手の爪《つめ》から足の爪まで一枚ずつはがす。そうしてなぶり殺しにするばい」

その言葉がいまも時折よみがえるという。美由紀は何度か純子から逃げ出そうと試みたが、そのたびに怒り狂った純子に阻止されている。

「話ば聞くけん、そこに座らんね」

こう言って、コタツに座らせ、向かい合う。

「もう別れさせてくれんね。ひとりになりたいと」

美由紀が言葉をしぼりだす。すると、純子がいきなり怒鳴る。

「あんた、これまで私がどれだけしてやったか、わかっとるんね……」

言い争いにはならない。反論すると、どんな言葉でなじられるか、美由紀はそれが怖いからだ。一方的にまくし立てるのはいつも純子のほうである。

美由紀は黙って立ちあがろうとした。そのときだった。

「逃げるな、この」

純子はドスのきいた大声を張りあげ、コタツのテーブルを拳《こぶし》で思いきりバーンと叩《たた》いた。大きな音が部屋に鳴り響く。と同時に、純子はすばやく美由紀のバッグを奪いとる。あまりに強く引っ張ったため、柄がちぎれ、バッグが宙にすっ飛んでいった。

壁にぶつかり、なかの小物がこぼれ落ちる。純子はそのままコタツのテーブルを持ちあげて、美由紀の身体に押しつけた。ものすごい勢いで、テーブルを壁までずらす。美由紀の腹部が、瞬《また》く間にテーブルと壁のあいだに挟まれてしまった。純子はテーブルを美由紀の下腹部にグイグイ押しつけ、彼女は息ができないようになる。言葉も出なかった。

怒ったときの純子は完全に目がすわる。それが異様な迫力を生んだ。もはや美由紀に抵抗する気力はなかった。ただひたすら、純子の力が弱まるのを待つ以外にないのである。

純子の娘たちは、こうした光景を何度も目《ま》の当たりにしながら、身体をこわばらせていた。そして、自分たちも同じような目にあわされてきた。

「このあいだ、あんまり生意気な口をきくけん、紀子を半殺しにしてやったばい」

ときに美由紀はこんなことまで聞かされた。彼女のやり方は、必ず相手を座らせ、見下ろしながらいたぶる。背の低い純子にとって、それが優越感に浸れる方法だったに違いない。娘たちは土下座させられ、平手か拳で真上から頭や顔を殴打《おうだ》された。

「あんまりいい音がせんね」

そう言いながら、何度でも殴る。声を出すと、なおさら純子が興奮することがわかっているため、娘たちも必死に痛みに耐えた。鼻血が噴きだし、顔が腫《は》れあがる。しかし、構わず殴りつづけた。純子は驚くほど体力があり、男のように腕力が強い。

「ごめんなさい。もうしません」

娘たちは泣きながら懇願する。しかし、純子は自分自身の気がおさまるまで、殴るのをやめなかった。

美由紀は、純子からこうも言われていた。

「美由紀、先生が言いよんなるばい。〝純子ちゃんのところから逃げたら抹殺《まっさつ》する、末代に渡ってね〟て」

こうして美由紀は純子の呪縛《じゅばく》から逃げ出す術《すべ》を徐々に失っていった。

和子の夫、平田栄治殺害計画は、そんなころに練られていったのである。

純子は殺害計画を立てるにあたり、まず美由紀に相談した。そこには例の「先生」を介在させているが、また新たな人物も登場する。

「美由紀、先生が本当にお金に困っとるんよ。それでね、一度だけ私が松風さんていう老人に抱かれよう、て思うんやけど……。松風さんが私と肉体関係ばもちたがっとると。人身御供《ごくう》になれば、一〇〇万円ぐらいにはなるけん、それを先生のところに届けよう、て思うと」

純子いわく、「松風老人」は著名な古美術商で、「先生」とは昔から絵画の取引があったという。この松風老人が純子に一目ぼれし、肉体関係を迫っているというつくり話である。

純子の話にたびたび出てくる「先生」は、広島県出身で、第二次世界大戦時に原爆の被害にあったという触れ込みだった。それで、このころ放射能を浴びた後遺症が出はじめ、瀕死《ひんし》の状態になっている、と、美由紀は純子から吹き込まれていた。その「先生」を助けるために金がいる、というのが純子の話した趣旨である。もちろん、すべてデッチ上げだ。だが、美由紀はその作り話にもあまりに殊勝すぎる答えを出す。

「そんな、人身御供みたいなことしたらいけんよ。先生も悲しむばい」

「でも、仕方なかやんね」

純子はそう言いながら、しばらく考え込んだ。そしてやおら、思いついたように言葉を補った。

「ひとつだけ、方法がある。実は池上の亭主がろくな人間やなか、て先生のリサーチでわかった。それで、この際、彼を抹殺しよう、て言いよんなる。亭主の保険金があれば、先生も助けられるんやなかやろうか」

「そんな……。でも、そげん悪か亭主なん？」

「あれは最低ばい。どうせ先生から抹殺されるんやけん。そんなら保険金を日本のため、先生の役に立つほうがよかやなかね」

いつしか美由紀は、いつもの純子のペースに乗せられていった。

「そ、そうやね」

「なら、アイディアば出さんね。注射かなんかで殺したらよかやろうかね」

「そんなことしたら、すぐにばれるよ」

「なら、どうすればいいんね」

まるで安っぽいミステリー小説仕立てであるが、これが現実に話し合われた内容である。

一方、この計画には池上和子本人の協力が不可欠なのは、言うまでもない。

あの同僚の准《じゅん》看護婦とのトラブルの一件以来、和子もまた純子のことを疑うどころか、すっかり信じきっていた。

ひとり娘として育ってきた和子は、わがままな面がある。だが、半面、自分より力のある人間には弱い。純子は和子のそんな性格を見抜いていた。

看護学校からエスカレーター式に就職して勤めはじめた聖マリア病院時代。和子は気に入らない同僚の准看護婦、山本あけみをいじめて婚約者と別れさせた。そのことを純子に知られ、一一〇〇万円を騙しとられたのは先に触れた。

純子は、和子から金を騙しとる際、恨んだ山本あけみの後ろにいる「井田佳寿恵」や暴力団の影をちらつかせた。それも和子の性格を計算した上でのことだ。あげく、和子はわずか一年あまりのあいだに、純子へ二八〇〇万円も手渡している。

ひとり娘として大事に育てられてきた和子は、自分自身が他人に嘘《うそ》をつくことはあっても、計画的に手酷《てひど》く人から騙された経験がなかった。まして当人にとって暴力団の話などは、まったく知らない別世界の出来事である。純子のこの手法は、堤美由紀や石井ヒト美にも使われた。それが、却って純子の話に信憑性《しんぴょうせい》を加える要素にもなっている。

騙される側に共通しているのは、ある種の人間の弱さである。彼女たちの心のなかでは、純子に騙される際、その場で疑いを差し挟むことの恐怖心が常にはたらいた。純子は逆にそれを利用する。

生来、甘ったれな池上和子は、これほどの大金をまきあげられながら、彼女を疑うどころか、以前にも増して、猫なで声で彼女に私生活を相談するようになった。

もともと、和子とその夫、栄治の夫婦仲は悪くはなかった。栄治は、勤務先の設計会社に毎日妻のつくった弁当を持参するような愛妻家だった。だが、その一方で女性に人気があった。和子はそれを心配した。

「吉田さん、実はうちの主人は浮気しとるんやないか、て思うんやけど、確かめる方法はないでしょうか」

純子は栄治にそれとなく和子の心配を尋ねたことがある。だが、却ってやり込められた。

「あなたにそんなことを言われる筋合いはない。堤さんがなぜ結婚もできんか、だいたい想像もつきますよ」

鼻っ柱の強い純子がこんな言葉を聞かされて黙っているわけがない。だが、彼女自身にとって都合の悪いことには、これまで和子から多額の金を騙しとってきた弱みがある。そのことに栄治が疑いを持ち、和子に詳細を質《ただ》したりすれば、今まで築きあげてきた嘘が一気に崩れかねない。純子は危機感を抱いた。やはり純子にとって、栄治がいなくなることが最も好都合だったわけだ。

そこで純子は、和子の夫への疑惑、ジェラシーを利用し、栄治の愛人話を和子に吹き込んだ。それは、純子の計画にとって、不可欠な要素だった。純子は内心和子のことを小憎らしく思っていたが、本人を前にするとそんなそぶりはおくびにも出さない。

「池上ちゃん、あんまりご主人を悪う言いとうないんやけどね。どうも愛人をかこっとるんは本当みたい。というか、確かな筋からの情報やけん、間違いなか」

むろん、和子自身が亭主の浮気を勘ぐっていたことを踏まえた上での呼び水である。そして、こう囁《ささや》いた。

「ご主人は、池上ちゃんと子供たちに五〇〇〇万円の保険をかけとるみたい。交通事故を装《よそお》って殺そうとしとるらしか」

得意のつくり話だ。

「ご主人は、ある土地を担保にサラ金三ヵ所から金ば借りとるよ。それを女との生活費にあてとるごとある」

「そんなことあるやろうか」

最初は和子も否定してみせる。しかし、内心はすでに純子の術中にからめ捕られていた。その目は泳いでいる。純子はじっと相手の目を観察する。和子の否定の言葉のなかには、明らかな戸惑いと夫に対する疑念が見え隠れしていた。それを見逃すはずがない。

「証拠もあるとよ。いまは持っとらんばってん、疑うなら持ってこようか」

こう念を押された和子は、次第に自分の夫へ疑いの目を向けるようになる。そうなると、完全に純子のペースだ。

「実はこれだけは言うまい、て心に決めといたんやけど、私も一度彼から襲われそうになったことがあるとよ。本当は、あげん男、生きとる価値がなか。悠長なこと言うとる場合やなかとよ。あんたは殺されてんよかかもしれんけど、子供たちはどうするとね。子供たちの将来を思うとるんなら、やることは決まっとるんやなかね」

和子は黙り込むしかなかった。その一方で、ますます夫に対する疑念を深めていく。和子は、設計会社の夫の上司へ、離婚あるいは別居をさせてほしい、と懇願する手紙まで書いた。それが駄目なら、夫を東京本社へ転勤させてほしい、とまで頼んだ。むろん、申し入れは却下されたが、それを聞きつけた純子は、タイミングを逃さず、和子に言った。

「このあいだ井田さんに会ったら、こう言いよんなさったばい。〝そげんまどろっこしいことばせんでも、永遠に別居できる方法がある〟てね。抹殺たい」

繰り返すまでもない。「井田さん」とは、以前に和子の元同僚の准看護婦、山本あけみの代理人として登場した「井田佳寿恵」だ。和子にとって、「井田」は山本側についている交渉役。当時、純子が彼女と接触し、トラブル処理にあたった……、ということになっている。和子は「井田」のことを、暴力団と非常に親しい人物だと、純子から聞かされてきた。山本の人生を無茶苦茶にした、と糾弾された和子は、「一生涯彼女への償いをする」、と「井田」に約束したことにもなっている。

純子は、この得体の知れない架空の人物をまたも登場させ、和子をがんじがらめにしていった。結果、和子はその気になっていく。

純子はさらに策を弄《ろう》した。夫、栄治がいつも使っている乗用車のなかに睡眠薬のビンをしのばせた。車は、栄治が使っていないときに和子が乗る。それを純子は知っていた。そこを見計らって、純子と美由紀が車のところまでいっしょについていった。栄治が睡眠薬を使って和子たちを殺そうとしている、という証拠として和子に見せつけるためだ。

「池上さん、あれ何やろうか」

美由紀が言った。和子がシートに転がっている睡眠薬を拾いあげる。すかさず、純子が美由紀の言葉をおぎなった。

「池上ちゃん、ご主人はあんたたちにこれを飲ませて殺そうとしとるとばい。やっぱり、間違いなか」

純子がたたみこむ。

「あんたの亭主はあんたや子供たちを殺そうとしとるんばい。こうなったら、やられる前にやるしかなかやないね。違うね」

これですべてが決まった。

平田栄治殺害には、吉田純子本人の金銭事情が大きく影響している。

純子が田丸川記念病院の同僚看護婦、高田ちさとから一〇〇〇万円を詐取《さしゅ》する前、彼女の銀行借り入れは一一四〇万円も残っていた。その借金はいったん減ったものの、またも増えはじめる。

純子は、高田ちさとから巻きあげた金で、美由紀といっしょに「たかの友梨ビューティクリニック」へ入会する。久留米市内にある会員制の高級エステティック・クラブだ。警察の調べによれば、平成九年十二月からの五年間のエステ費用だけで、合計一三六〇万円もかけている。その内訳は、純子一〇〇〇万円、美由紀三六〇万円。エステティック・クラブは、あらかじめ利用する時間単位のチケットを購入し、それを使うシステムだった。が、そのチケットの購入資金が、徐々に底をつきはじめる。それでも純子は、美由紀にわたしていたチケットまで取りあげ、せっせと通った。

こんな生活をしているのだから、いくら金があっても足りるわけがない。平成十年一月、純子の銀行口座の残高は、八七〇万円の借金に逆戻りしていた。

このままでは、またも以前の借金地獄に戻ってしまう。純子は不安を抱いた。

平成十年の年が明けると、純子は美由紀に切羽詰まった口調で話した。

「美由紀、あんまりグズグズできんよ。実は池上の亭主が、私を襲おうとしとるらしか。先生が教えてくれたと。それで、先生が怒ってね。先生と側近で池上の亭主を始末する計画を実行に移すげな。そこまで世話になったらいけん。だけん、私たちの手でやらんといけん、て思うんよ。違うね？」

和子の夫、平田栄治の殺害。純子は、急遽《きゅうきょ》一月に殺害計画を実行に移すことにした。実行犯は吉田純子、堤美由紀、池上和子の三人。四人組の残るひとり、石井ヒト美は、この時点ではまだ計画に加わっていなかった。

「この計画は、池上がいんけりゃあ、成功せんばい。美由紀もそのことはわかっとろうもん。池上も一度は亭主を抹殺することを了解したけど、まだどこまで本気かわからん。だけん、お願いっ」

純子は唐突に美由紀にこう言った。すでに和子の夫、栄治の殺害は決めている。和子と栄治が住むオートロックのマンションの下見を兼ね、和子と打ち合わせをするためにそこへ向かっている途中のことだ。純子は、美由紀が運転する日産「マーチ」の助手席に座っていた。運転免許のない純子に代わり、日ごろから美由紀が純子の運転手役を務めていた。

「池上のことで、うちの紀子が拉致《らち》されたことにするよ。いいね」

純子の長女である紀子がなぜ関係するのか、美由紀は首をひねった。

「どうして、あん子が拉致されんといけんとね」

「いいと。私に考えがあるとやけん。あんたは何も言わんでいい。私に任せといて。いい美由紀、お願いね」

純子の描いたストーリーはこうだ。

純子の長女、紀子が、以前に和子の同僚だった元准看護婦、山本とのトラブルに巻き込まれ、暴力団関係者に拉致されてしまった。拉致したのは、山本側の代理人である例の「井田佳寿恵」の配下の連中。この間、純子が和子の代理人として「井田」らと交渉にあたってきた。が、さらに向こうが金を要求してきた。それを断ったがために純子の長女が拉致されたという話だ。純子はいったん長女を救い出したが、元はといえば和子と山本とのトラブルが原因である。結局、この拉致事件を含め、それらのトラブルを解決するための費用が必要になった。それらの解決資金をひねりだすという名目で、平田栄治の保険金殺人を決行する――。

一月九日のこと。純子と美由紀は和子の自宅へ向かい、長女の紀子が拉致された際、耳にピアスの穴をあけられた、と話した。そして、具体的な殺害方法について話し合った。こうしてついに、彼女たちは殺人にまで手を染めるのである。その決行前、吉田純子は、それまで大切に保管してきた看護婦時代のナースキャップを焼き捨てた。看護婦としての自尊心を完全に捨て去ったのである。

失敗

池上和子の夫、平田栄治は昭和三十三年五月三十日生まれ。三九歳だった。五十七年に看護婦の和子と知り合い、四年の交際期間を経て六十一年十月に結婚している。事件当時、二人のあいだには、一〇歳、九歳、二歳の三人の娘がいた。

栄治は、東京に本社のある建築設計会社の福岡支社で働いていた。勤務態度は非常にまじめだったとの評判だ。ちょうど末娘が生まれて間もない平成八年一月から、東京本社に一〇ヵ月ほど勤めている。そもそも和子から浮気を疑われたのは、この間のことだったが、それ以外に妙な噂《うわさ》はない。会社の同僚によれば、いつも財布のなかは一〇〇〇〇円程度の現金しか入っておらず、飲み会など外部との付き合いも派手ではなかったという。

問題の平成十年一月当時は、栄治が福岡市や久留米市のマンション建設現場の管理業務に追われ、飛び回っていた時期にあたる。純子の殺害計画は、そんな平凡なサラリーマン家庭に降ってわいたような出来事だったのである。

栄治は、事件前年の九月に自身の生命保険を書き換えたばかりだった。それまで三〇〇〇万円だった普通死亡時の給付金を三五〇〇万円に増額。月額の保険料は二万円だった。保険金の受取人はもちろん妻である和子だ。純子の狙《ねら》いは、まさにこの三五〇〇万円だった。純子は和子にその保険証券を見せてもらい、思わず顔がほころんだ。

「いちばんいいのは、心臓が原因で亡くなったように見せかける方法やね」

純子は、美由紀と和子にこう提案した。栄治の父、照雄がもともと心臓疾患を患《わずら》っていたことから、突然死亡しても不自然ではないとの発想だ。そこで、栄治に心不全を誘発させるべく、睡眠薬とともに、カリウム製剤を投与しようと計画する。もともとこのアイディアを出したのは、看護婦としていちばん力量のある堤美由紀だった。

「血中のカリ（カリウム値）をあげれば、急性心不全にみせかけることができる、て思う。スローケイやアスパラK、ＫＣＬなんかを使えばいいやろね。これを注射すれば、カリがグンとあがるけんね」

美由紀が二人に説明した。純子も補足する。

「ご主人はこのあいだの血液検査でコレステロール値がずい分高い、て結果が出たて言うとったよね。そうすると、心臓疾患に見せかけるんがいちばんやね。カリをあげよう」

カリウムは人体に必要なミネラルだが、大量に摂取すると心停止をもたらす。通常、心筋が正常に活動するには、ナトリウムやカリウムの濃度が一定に保たれていることが条件であり、そのバランスが極端に崩れると、危険な状態になる。純子たちはそれを利用しようとしたわけだ。が、美由紀がこの場合の問題点をあげた。

「それなら、よほどの量を注射せんと無理ばい。ただカリを急激にあげたら不整脈も出るし、そんなにカリが急にあがったのがばれると、不自然やんね。それより、少しずつ体内に蓄積させるほうがいいんと違うね。内服で徐々にそうしたら？」

純子が考えをめぐらす。沈黙が流れたあと、決断するように言った。

「そしたら、カリの内服と並行して、睡眠剤ば日ごろから飲ませたらどうね。デパスなんかもいっしょに飲ませてやると、体内に蓄積されて頭がボーとしてくるし、階段を踏み外すこともあるやろ。駅のホームから転落したりして亡《な》くなれば、池上ちゃんも疑われんで済むもんね」

こうして一度は、カリウム注射による毒殺を断念し、多少時間のかかる方法を選んだ。ちなみにデパスとは精神安定剤の一種である。

薬物の調達は、和子が病院からくすねてくることに決まった。錠剤を粉末状にすりつぶし、少しずつ食べ物のなかにいれようという計画だ。

「事故で死んだら、保険金の額も増えるんやなかね」

純子は微笑《ほほえ》みながら二人に話した。

「もう、前のことで井田さんにお金を請求されるんは嫌ですからね。これできれいさっぱりしたい」

いつの間にか、和子も純子と同じく、すっかり金の亡者《もうじゃ》になっていた。

実際、和子はこの殺人謀議のあった翌一月十日から、さっそく栄治の食事に薬物を混入しはじめた。朝のみそ汁や昼の弁当のおかず、夜はビールや酒のつまみに、睡眠剤を二、三錠ずつすりつぶして混ぜる。とくにカリウム製剤には強い苦味があるため、感づかれないよう用心した。これも少しずつ、カレーライスやシチュー、ハンバーグなど、味の強い食事に混ぜ込んだ。

しかし、彼女たちの当初の思惑は外れた。和子の夫、栄治の様子は以前とまったく変わらない。身体の調子が悪くなるわけでもなかった。むろん、事故死することもない。

純子は焦《あせ》りはじめた。一月二十九日には、長女の紀子の高校受験をひかえている。そのまえに柳川の実家から引きとらなければならないし、むろん高校受験となれば金もかかる。紀子は成績もよくなかったため、偏差値の低い私立高校以外に合格する見込みはなかった。

「やっぱり、カリウム製剤を直接注射するほかないんやなかね、美由紀。決めた。そうするばい」

純子は二人に指令を出した。注射するのは和子に決った。もはや和子にためらいはない。自分や子供たちを殺そうとしている夫、栄治のことを激しく憎んだ。少なくとも、本人はそう思い込もうとしていた。すると、不思議にみずからの手で夫の命を絶つという重大事にも、まったく臆《おく》することはなかった。

「いっそのこと、アンプル二本ぐらいカリを注射すればどうやろ」

純子が提案すると、美由紀がとめる。

「そげんたくさん入れたら、変死あつかいされるばい。司法解剖にでもまわされたら、大変なことになるよ」

とりあえず、アンプルは一本にとどめ、それでも万が一司法解剖にまわされそうな場合には、和子が泣いてとめる、と決めた。

「まず、池上ちゃんが睡眠剤を飲ませて亭主を昏睡《こんすい》状態にするんばい。そのあとに電話をかけて私らを呼んで。それからカリを注射する。それで、死亡する寸前で救急車を呼ぶようにすればよか」

計画は、一月二十一日から二十二日の未明にかけて決行されることになった。

和子の自宅マンションには、六畳の和室と八畳の洋室、それにダイニングキッチンがある。普段は上ふたりの娘が八畳の洋間で寝て、夫婦は六畳の和室でやすんだ。その脇《わき》に布団を敷いて末娘を寝かしつけていた。末娘は、まだ二歳をすぎたばかりだ。

夫、栄治が帰宅したのは二十一日午後十一時。和子は純子の計画どおり、睡眠剤を混ぜた缶ビールを夫に飲ませた。眠くなった栄治はみずから六畳の和室に入って寝入った。和子は純子にそれを知らせる。すでに翌二十二日の零時になっていた。

和子の自宅マンションの玄関はオートロックのため、純子たちが入って来れるよう、非常階段の扉をあけておいた。間もなく、純子と美由紀が入ってきた。

「どう」

純子が声をおさえて尋ねる。

「うん、眠っとるて思います」

和子は、翼状針をとりだした。静脈注射の際、ずれないよう血管に固定して刺すための専用注射針だ。和子はしゃがみこんでそれを栄治の足の甲に刺した。純子と美由紀は、布団からやや離れて、じっと見入っている。

すると、突然、栄治の身体が起きあがった。意識が朦朧《もうろう》としているのだろう、目の焦点は定まっていない。だが、完全に上半身は起き上がり、足を探っている。注射針を外そうとしているのだ。声は出ない。

カリウム注射は通常、翼状針から薬物が流れ込む段階でかなりの痛みが走る。栄治は激痛のため、半分、意識を失いながらも、注射針を払いのけてしまったのである。あわてた和子が再び針を刺そうとする。すると、栄治は何を思ったか、トイレの方へ駆け出した。

純子と美由紀は、ただ唖然《あぜん》とするばかり。栄治が立ちあがったとき、とっさに洗面所に隠れるのが精いっぱいだった。

朦朧としながらトイレから戻ってきた栄治。

「どうしたんね。眠れんと」

和子は平静を装《よそお》って、夫を寝かしつけた。そして、再び、栄治に翼状針を刺そうと試みる。だが、栄治はすぐに上半身を起こし、それを取り払う。純子や美由紀は物陰からこれを見ているだけ。いつ栄治が完全に目を覚まして、事態に気がつくか、気が気ではない。

「やっぱり痛いんやろうね。このままじゃあ気がつくけん、エアーば入れてみようよ」

純子が和子に指示した。その言葉に従い、和子がすばやく別の注射器をとり出した。容量二〇ccの使い捨て注射器だ。それに空気を吸い込ませ、そのまま刺した。だが、今度は咳《せ》き込みはじめる。さすがに純子は怖くなった。

「今日は無理みたいやね。やりなおそう」

そう言って、計画を断念した。そのまま夜明け前に静かに和子の自宅マンションをあとにしたのである。

翌朝、目が覚めた栄治は和子に言った。

「どうも気分が悪いんやけど、どうしたんやろうかな」

普段どおり出勤し、会社の近くにある病院で診てもらったが、診断結果は、単なる風邪だった。そして、いつもどおり帰宅している。

一度目の殺害計画は完全に失敗に終わった。だが、栄治にはまったく感づかれていない。和子からその報告を受けた純子は、却って自信を持ってしまった。

「次はいつやるね、て井田さんが言ってきたばい。もうやめるわけにはいかんね。しかも、今度は失敗は許されんけんね」

純子は電話で和子に迫った。

「なら二十五日では、どげんですか」

その翌日の一月二十六日は、美由紀の三八回目の誕生日にあたっていた。それを聞いた美由紀は怒り出した。

「冗談やなかよ。人を殺した次の日が誕生日やなんて。誕生日が来るたび、一生それを思い出すやんね」

さすがに純子も、強引にそれをおさえつけることはできなかった。

「要するに、もっとしっかり眠らせんといけんかったんやね。睡眠薬が足りんかったんやなかかね」

と純子。美由紀が和子に聞いた。

「池上さん、ご主人がお酒を飲んで帰ってくる日はなかやろうか。お酒が入っとると、睡眠剤がよう効くけん、効果的て思うんやけど」

「たしか明日は仕事の関係で飲む、て言うとりましたけど……」

こうして二度目の犯行日は打ち合わせの次の日、一月二十三日に決まった。もはや三人には何のためらいもない。ただ、カリウム注射は危険が大きすぎるので、体内に空気を入れることにした。

「あのとき、ご主人が咳き込んどったんは、足の末梢《まつしよう》静脈に針を刺したから、て思うよ。もっと心臓に近いところなら、あんな反応はまずありえん、やろうね」

人体にとって、空気を注射されたらどうなるか。静脈内の空気は血液の流れとともに心臓の右心房から右心室にたまっていく。心臓は血液を出し入れするポンプの働きを担《にな》っている。大量の空気が心臓の中心部である心室へたまれば、そのポンプ機能に障害が起きる。心臓から肺動脈に血液を送ることができなくなり、それが酸欠状態を招く。その状態が長くつづけば、当然死にいたる。

純子たちが、空気を注射しようとしたのはこのためだ。純子は、二度目の殺害計画を指示した。今度は足ではなく、より心臓に近い、右ひじの内側の太い静脈に空気を入れる――。一度殺人に失敗した彼女たちは、むしろ冷静に状況を判断できた。

一月二十三日午後十一時半、平田栄治は、酒を飲んで帰宅した。栄治にとっては、運が悪かったといえるかもしれない。

「もうちょっと飲んだらどうね」

和子が缶ビールをすすめると、一気に飲み干した。そこには前回入れた睡眠剤の倍の四錠分がたっぷり溶かしこまれていた。おまけに、つまみとして出した煮物にも、睡眠効果のある精神安定剤四錠分が入っている。これだけ入れれば妙な味がするものだ。だが、これも酔っているせいで気がつかない。そのまま、いつもどおり六畳間の和室で寝入ってしまった。そばには二歳の末娘が眠っている。

純子はその間、自宅マンション「ムーンパレス野中」五〇六号室で美由紀といっしょに待機していた。

「美由紀、今度はうまくいくばい。怖いね？」

「どうして？」

そんな会話をしながら、和子からの電話をじっと待った。

午前二時、携帯電話が鳴った。打ち合わせどおりの時刻だ。純子たちはすぐに和子のマンションへ向かった。

純子と美由紀の二人が足音を忍ばせて部屋に入ってきたのに気づいた和子は、念のため、夫に睡眠剤の入ったアンプルをもう一本注射した。だが、そのとき予想外の事態が起きる。

「そこにおるんは誰？　吉田のおばちゃん？　それに、堤のおねえちゃん？」

末娘が目を覚ましたのである。暗がりのなかで聞こえる、幼く、かぼそい声。それが妙に大きく部屋に響いた。だが、末娘を隣の八畳間の子供部屋に連れて行けば、上の二人が起きてしまうかもしれない。和子は必死に娘を寝かしつけた。

むしろ飛び上がらんばかりに驚いたのは純子だった。言葉も出ない。そのまま黙って、ひとりさっさと自宅へ引きあげてしまったのだ。

指揮官を失い、部屋に残された和子と美由紀。和子は娘を寝かしつけたあと、純子のいないことに気づいた。おまけに、あれだけ入念に睡眠薬を投与したはずの栄治がトイレに立った。しかし、今度はあわてない。トイレから帰ってくるのを待って、寝ぼけている彼に睡眠剤入りのドリンクを飲ませた。ようやく栄治が昏睡状態になる。ずい分時間が経《た》っていた。すでに部屋は、うっすら明るくなっている。明け方近くになっていた。

その間、純子はマンションへ戻って、いらいらしながら、知らせを持っていた。朝方、美由紀と和子がそろって純子を迎えにきた。純子は明らかにいらついている。

「ようやく二人とも眠ったよ」

美由紀が純子にそう伝えると、純子は美由紀をなじる。

「今日やるしかなかとに。もう、こげな時間になったやないね。早うしてよ」

純子はすっかり冷静さを欠いている。焦りを美由紀にぶつけた。

「美由紀、そこにガムテープがあろうが。これで口でもふさいで殺したらよかやん」

美由紀は落ち着いていた。こう反発する。

「そんなんしたら窒息するやん。ガムテープやったらあとが残るし、駄目よ」

「いいやんね、窒息で。どうせ殺すっちゃけん。何でもいいから早う殺してよ」

純子ひとり自棄《やけ》になりながら、三人は再び栄治のいる家へ舞い戻った。

和子がみずから夫の右腕にチューブを巻いた。腕の静脈を浮き立たせ、そこへ翼状針を刺す。普段、病院で注射するときには聞いたこともないが、プスッ、という音がした。アンプルにあるのが液体ではなく、空気だけのせいだろうか。

「怖い……」

昏睡状態になっているはずの栄治が、なぜか目を閉じたまま、つぶやいた。これも予想外だ。だが、いざ作業をはじめると、ますます冷静になった。極度の緊張のせいで、むしろいつもより頭が冴《さ》えている。

「大丈夫よ。安心してね」

和子は、針をテープで固定しながら、普段どおりのやさしい口調で声をかけた。あたかも患者に接するいつもの仕事のように。

こうして、無言で作業をつづけた。針を抜いては、空気を入れ、またそれを刺す。一五、六回くらいその作業が繰り返され、栄治の体内にどんどん空気が送り込まれていった。最初、鼾《いびき》をかいていた栄治は、やがて静かな寝息を立てはじめる。間もなくそれも聞こえなくなっていった。今度は、まさに計画どおりにことが運んだ。

「液体の薬を注射するより、空気を送り込むほうがずっと楽でした」

和子は、逮捕後の取調べでこう供述している。作業は順調に進んだ。純子は、黙って和子の姿を眺めていた。すでに寝息はまったくしない。

そして、やおら美由紀に向かって、一言声をかけた。

「美由紀、あんたも一回ぐらいエアーば入れんね」

平田栄治は絶命した。翼状針を引き抜く。すべてが終わった。純子は仰向けになった栄治の身体を踏みつけて足の裏で揺らす。そうして息を引き取ったことを確認した。

「こげな男に似合った死に様たいね」

純子が吐き捨てるように言うと、和子は夫の足を手でたたきながらつぶやいた。

「あんたのせいばい。こげんなったんは」

すでに午前六時を回っている。和子に一一九番通報するよう命じて純子たちはいったん自宅に引きあげていった。そして二人が再び、犯行現場にやってきた。和子から連絡を受け、駆けつけたふりをしたのだ。間もなく救急隊員が駆けつけてきた。

「朝、起こそうとしたら、返事をしないので、近所の友だちをよんだんです」

和子が救急隊員に説明した。純子がその脇《わき》から口を挟んだ。

「大丈夫ですか。ここの奥さんは病院で看護婦をされているから、ご主人の身体には気をつけていたと思います」

救急隊員が和子に尋ねた。

「いつもはどんな様子ですか」

「コレステロール数値が高くて、最近は気分が悪い、て口癖のように言っていました」

午前七時四十五分、栄治は救急車で救急病院へ搬送され、八時過ぎに死亡が確認された。

「警察の検視で、ご主人の遺体が解剖されるかもしれませんが」

医師にこう言われた和子は泣き崩れる。事前の打ち合わせどおりだ。

「主人がかわいそう。これ以上、苦しんで切り刻まれるなんて絶対いやです」

演技は予定どおりにうまくいった、と思った瞬間だった。三人の娘が病院に駆けつけてきた。そのなかには二歳の末娘もいる。幼すぎて事態をまだ飲み込めていない。

そして、笑顔でこう母親につぶやいた。

「お父さん、きのうチクンされてたね」

純子と美由紀は思わず顔を見合わせた。顔面から血の気が引いていくのを感じた。

それから一ヵ月後の二月十九日。住友生命から池上和子の銀行口座に夫の死亡保険金、三四九八万七三七八円が振り込まれた。

純子は、そのうち三四五〇万円を例の「井田」らが関係した平田栄治の借金返済に当てると言いくるめた。翌朝、さっそく池上を伴って現金を取りに行っている。

「ちゃんと渡しとくけんね」

純子はそう言い残して、その現金を自宅へ持ち帰った。この日の彼女の日記には、こう記されてある。

〈本日　マネー、やっと念願　ヤッター　３４５０万円〉

一方の和子は、栄治と結婚する前の池上姓に戻した。そして、三人の子供たちを実家のある柳川市の児童養護施設に入れる。幼い末娘は事件が発覚するまで、そこで暮らすようになる。

そして、ひとり身になった和子は、純子とともに修羅の道を歩んでいった。

第五章　レズビアン

「美由紀、こっちきて。ねえねえ、見て見て。たしか前に話したろ、久留米大医学部の森口先生とのこと。こげんして、彼にようここを見せてあげたとよ」

吉田純子は、堤美由紀を誘うとき、急に猫なで声になった。娘たちが寝静まると、しばしば素っ裸になる。ときには、みずからストリッパーのように股《また》を広げる。自分自身の陰部まで美由紀に見せようとした。

「私はね、美由紀。あの先生のおかげでこんなにいやらしい身体《からだ》になったと。けど、女はこのくらいやなけりゃあ、魅力はなかもんね」

純子と美由紀の同居生活は、実に一年におよぶ。その間、純子は毎日のように美由紀の身体を求めた。純子の性欲はそれほど強い。

「郷ひろみの歌にあるやんね。処女と少女と娼婦《しょうふ》に淑女……、て。そのとおりばい。私にも娼婦の顔があるとやけん。よう見てね」

機嫌がいいと、純子は鼻歌を歌い、踊りながら裸になる。そうして美由紀に迫った。

かつて何人もの男性と経験してきたというみずからのセックス体験談を吹聴《ふいちょう》し、それと同じようにするよう、美由紀に強要する。純子の要求は、年を追うごとに激しくなった。美由紀は本来レズビアンではない。だが、拒否すると、次に何が起きるか、想像がついた。過去の自分の男遍歴を罵《のの》しられる。それが嫌だった。

美由紀は純子の要求を受け入れるため、飲めない酒を飲んだ。ウィスキーをあおり、神経を弛緩《しかん》させてからでないと、とても純子の要求に耐えられなかったのだ。

あげく、純子はこんな提案までした。

「先生がね。純子ちゃんと美由紀ちゃんのセックスのときの様子を詳細に書いて、レポートするように、て言いよんなる。先生は、本当は私と肉体関係を持ちたい、ておっしゃるんやけど、もうお歳《とし》やけん、それもできん。だから、せめて美由紀とのことを知って、自分を慰めたい、て言いよんなさると」

純子はピンク色の便箋《びんせん》を買ってきて、美由紀に手わたした。

「どんなことでん、いいけん、リアルに書けばいいとよ。お願い」

公判では明らかにされていないが、四〇通におよぶ堤美由紀の獄中書簡にはこうした吉田との肉体関係まで赤裸々に描かれている。美由紀にとっては、忌《い》まわしい過去に違いない。だが、彼女はそれを敢《あ》えて書き残している。純子の性欲の強さには舌を巻く。

〈彼女はきっとポルノ女優にでもなっている気分だったのだろうと思います。常々、〝ピンク映画にデビューしたら、まちがいなく私は直ぐにNo．1よ〟と自信満々で言っていましたから。それに70すぎても毎日SeXしたいとも言っていました〉

二人の〝愛の巣〟となった「ムーンパレスⅡ」。今年の夏そこを訪ねた。最上階の部屋を見あげたが、何の変哲もない地方都市のマンションの一室にしか見えない。だが、そこでは倒錯した同性愛の異常な行為が繰り返されていたのである。

遺産相続

池上和子の夫、平田栄治の保険金殺人に成功した純子は、ますますその行動をエスカレートさせる。

平成十年二月、保険金で純子が得たのは三四五〇万円。これまでとはケタ違いの金額だ。純子はこの金を右から左にすぐに使い切ることはしなかった。手に入れた保険金のうち、まず二五〇〇万円を自分自身の預金口座に入金。そのなかから一四七〇万円を銀行やサラ金、クレジットカードの借金の支払いにあてた。また、母親が住む柳川の実家の補修にも費用を融通し、長女の高校進学費用など、子供たちの学資にも一三〇万円をまわした。四五〇万円は定期預金にした。こうして、ようやく借金生活から脱出できたのである。

しかし、借金から逃れたといっても、彼女の生活ぶりが変わるはずがない。むしろ、吉田純子はこれまでにない大金を手にし、舞いあがっていく。味をしめ、ますます生活が派手になる。そのために、さらに資金が必要になっていった。

もちろん、娘たちや母親が、純子たちの犯した保険金殺人などを知るよしもない。だが、純子は自分自身が贅沢《ぜいたく》になっていく分、娘たちにも派手な生活を許していた。それは、娘たちに対する愛情というより、自分自身の虚栄心を満足させるためといったほうが妥当かもしれない。

純子は、わざわざ長女の紀子に一〇〇〇万円を渡し、それを数えさせた。

「美由紀、これは先生から借りた一〇〇〇万円ばい。それを紀子に数えさせとるところやけん」

純子はそう言ったが、それが平田栄治の保険金だったのは自明である。

長女の紀子が高校に進学したのを機会に、純子は、「ムーンパレス野中」の近くのアパートを美由紀に借りさせ、そこに長女の紀子を住まわせた。

純子との同居中、美由紀は何度か純子の住まいの近くにアパートを借りて住んだことがある。そこへ長女の紀子が転がり込んできたこともあった。今度の場合、祖母ともうまくいかず、母親とも住むことができなくなったため、美由紀にアパートを借りさせて住まわせることになったわけだ。

　高校に入った紀子は髪を金髪に染め、男友だちをアパートに連れ込んだ。アパートでは、男友だちとおそろいのピンクのパジャマを着ていた。キティちゃんのマークが入ったかわいらしいパジャマだ。美由紀はベッドの下に無造作に置かれていたパジャマ姿のツーショット写真を見つけ、腹立たしさを覚えた。

　純子はアパートに住むこの長女に月々五万円の小遣いをわたしていた。家賃は月に五万二〇〇〇円もした。実際の支払いは純子ではなく、美由紀が負担していたが、いわば同じ家計の財布からの支出ともいえる。アパートの電話代や光熱費だけで、しばしば一〇万円を超えた。さすがに、それらの生活費は純子が払った。

　次女のエリを通わせていたタレント養成学校は福岡市内にあった。それも次々と新しいところを見つけ、四ヵ所に通わせるようになる。子供のころ純子自身が憧《あこが》れたバレエ教室にも通わせた。純子は少しでも気に入らないことがあると、娘たちを容赦なく殴りつける一方で、妙に甘いところもある。当人は相変わらず、エステティック・クラブ通いをつづけたが、年頃の長女にせがまれると、同じようにさせた。おかげで生活費はますます膨らんでいった。

あげく純子たちは、殺害した平田栄治の会社から、金を騙《だま》しとる計画まで立てる。栄治が勤めていた設計会社にとっては、突然の社員の死である。世間一般によくあるように、遺族に対し、会社から義捐《ぎえん》金が支給された。そこで純子は、遺族が受けとるべき金にまで目をつけたのである。

栄治の死から二ヵ月後の平成十年三月、純子は、栄治の会社から二三〇万円の義捐金と八三万円の埋葬費が出ることを知る。純子は美由紀に言った。

「池上の亭主の会社では、母子家庭になった池上に対して、見舞金を集めとるらしか。池上がそう言うとったけん、私が取りに行こうて思うんやけど、ついて来てくれんね」

そこで、和子の代理人と称して、義捐金と埋葬費の両方を取りあげようとする。実際、二三〇万円の義捐金は会社まで取りに行き、会社の同僚を説得して、小切手で受けとった。残りの八三万円の埋葬費については、自分の口座に振り込むよう会社側に説明し、その後に入金されている。合計三一三万円。むろん和子には内緒だった。

また、栄治の死亡した直後の二月、栄治の実父が心臓疾患で他界し、さらに五月には、二人を失ったショックから伏せっていた母親が亡《な》くなった。それらの遺産相続問題が持ちあがると、純子らは家族の相続問題にまで首を突っこんでいく。

この年の夏以降、平田家では、遺産の分配について親族で話し合いがもたれた。それを聞きつけるや、またも純子は和子に自分を売り込んだ。

「池上ちゃん、栄治さんが借金しとったんは知っとろうもん。井田さんがそれを立替え払いしてくれとったけん、返さないけん。もともとあんたは栄治さんの遺産を相続する権利があるとやけん、それを返済に充《あ》てたらよか。私が栄治さんの弟と交渉するけん、いいね」

十二月、純子は栄治の弟を言いくるめて一〇〇〇万円を手に入れた。

おまけに、本来会社から和子に毎月支給される遺族年金の一五万円も取りあげる。保険金を含め、和子から騙しとった金額は、次のとおりだ。

〈被告人吉田が、上記被告人池上の夫の生命保険金三四五〇万円を含めて、平成十年中に被告人池上から取り上げた現金は合計五五〇〇万円に上った〉（冒頭陳述より）

加えて、純子は堤美由紀から看護婦としての給料をせしめている。美由紀は昼間と夜間の両方病院ではたらき、月々三〇万円ほどの収入を得ていた。ボーナスも含め、年収にすると四五〇万円ほどになる。純子は、病院から振り込まれたその給料の口座を管理し、美由紀から合計八六〇万円も取りあげた。

純子は、この金をみずからの生活費にあてたほか、自分の両親に代わって柳川にある実家のローンを返済した。しかし、これらの出費を差し引いてなお、けっこう金が残った。平成十年末には、純子自身の銀行預金が九八〇万円までになる。

純子は有頂天になった。美由紀と和子を従え、以前にも増して好き勝手な言動が目立つようになっていく。昼と夜の顔、機嫌がいいときと悪いとき、そして暴力と懐柔。一日のうちにころころ変わる行動に、周囲はますます翻弄《ほんろう》された。純子から肉体関係を強いられた堤美由紀は、その最大の犠牲者といえる。

妊娠

平成十五年四月二十八日。福岡地裁第一刑事部の三〇一号法廷で、吉田純子が検事の尋問に答えていた。証言台の後ろにある被告人席の長椅子《ながいす》には、堤美由紀が腰かけている。美由紀は、終始うつむき加減だったが、ときおり検事の質問に反応して顔をあげる。

「これを見てください。ここにいくつもバツ印がありますね。何ですか」

純子の脇《わき》に立った検事が、証拠物を示しながら、被告人に尋ねた。純子がそれに顔を近づける。自分自身の手帳だった。

「これはあなたと堤被告人が同性愛の行為をした日ですよね。その印でしょ。違いますか」

「そうだと思います」

検事が質問をつづけた。

「肉体関係はあなたのほうから一方的に迫ったのですか。それとも、むしろ相手の堤被告から迫られたのですか」

「はじめは私のほうからでした。でも、あとのほうでは、相互に、ていうか、自然にそうなっていきました」

うしろに座っている美由紀から、すすり泣きが聞こえはじめた。顔をあげ、何かを訴えるかのように、首を振っている。

「そのとき、あなたはどう感じましたか」

検事が純子に聞く。

「少なくとも嫌悪《けんお》感はありませんでした。むしろ、そうすることによって信頼関係が深まっていったような気がします」

純子は言った。

「堤さんがそばにいるだけで、私は癒《いや》されたのです」

しかし、美由紀にとっては、純子とのセックスは苦痛以外のなにものでもなかった。

事件当時の新聞などでは、吉田純子たち白衣の四人組のなかで、純子は美由紀のことを特別扱いしたと報じている。池上和子や石井ヒト美は純子のことを〝吉田様〟と呼び、美由紀のことも〝堤様〟とあがめたかのように書かれていた。

しかし、実際はそうではない。堤美由紀は、純子にとって、最も便利で都合のいい〝召使い〟であり、性欲のはけ口に過ぎなかったのである。

「美由紀、あんたが付きおうとった（スナックの）マスターね。あの人は実はエイズらしかよ。東南アジアでうつされた、て、先生のリサーチで判明したばい。だけん、あんたも感染しとる可能性が高いばい」

同居をはじめて間もないころ、純子は美由紀にそう嘘《うそ》をついた。堕胎のしすぎで子供が産めない身体になっていると信じこまされていた美由紀は、それも信じてしまう。

「でも、私はあんたがエイズでもよか。あんたにうつされて死んでも本望よ。愛しとるけん。だけんキスして」

美由紀は、幼かった純子の子供たちを毎日風呂に入れ、食料品や雑貨の買い出しから、炊事、洗濯、掃除にいたるまで、吉田家の家事いっさいを押しつけられた。運転免許のない純子に代わり、長女の学習塾の送迎や下の二人の娘の幼稚園の送り迎えな

ども した。

純子は自分自身で家事をしなかったことについて、妊娠を理由にした。

「私、美由紀の子供をやどしたみたい」

もちろん美由紀も最初は信じなかった。

「いくら何でん、そげなことがあるやろうか。ご主人の子供やなかと？」

「主人とはずっとセックスしとらんけん、それはありえんばい」

それでも信じられるわけがない。そこで、純子はこうも説明した。

「診てもらったんは九大病院の葉山教授ていうドクターたい。先生の知り合いでもあるけん、間違いなか。女性同士で妊娠した例は、過去に二、三件あるらしいよ。私で四例目げな。世界的な研究になるて言うとったよ」

彼女たちはまがりなりにも、長年医療現場に携わってきた看護婦である。いまどき小学生でも騙されないこんな嘘をつくこと自体が、摩訶《まか》不思議ではある。しかし、美由紀は純子の妊娠話を信じてしまった。その理由について、事件後の取調べで検事にこう供述している。

「いくら吉田さんが迫真の演技をしても、たしかに最初は嘘だと思いました。でも、私たち看護婦は、医療現場で生命の不思議さに出会うことがあるんです。それだけに、だんだんありえないことではない、て思いはじめていったのです」

美由紀は、妊娠話を信じ込んだ理由として、次のような根拠をあげている。まず「生物学的にはメス同士でも子孫を増やす生き物がいること」「九大の医師の検査結果で世界的研究だと言われたこと」「純子の演技力」などだ。

美由紀は看護婦になりたての二一歳のころ、新生児センターに勤務し、数多くの障害児をその目で見てきた。そこでは、一般では知られていない奇形児もめずらしくない。Ｒｈ不適合による重度黄疸《おうだん》症の新生児に対し、Ｒｈプラスの血液をＲｈマイナスにする交換輸血などの治療もおこなわれていた。血液をそっくり入れ替えるという治療を間近に体験してきた美由紀は、その生命の神秘を肌で感じてきたという。

むしろ、看護婦だからこそ、こんな幼稚なつくり話にひっかかりやすいことを、純子は本能的に感じとっていたのかもしれない。実際、平成十五年五月二十一日の法廷でも、なぜこんな妊娠話を信じてしまったのか、との弁護士の問いかけに、美由紀はこう答えている。

「おかしい、と言われれば、おっしゃるとおりです。でも、九大の先生の診断て言われ、私自身も仕事で生命の不思議さを体験していましたから、つい信じ込んでしまったのです」

身長一五五センチの純子は、六四キロの体重があった。腹も出ていたため、妊娠を勘違いしたのかもしれない。

このころの純子は、病院でも妊婦の看護婦用のマタニティーウェアー・タイプの白衣を着ていた。自宅にいるときでも、ときおり、「うっ」と唸《うな》ってはトイレに駆け込んだ。つわりで気分が悪くなり、食べ物をもどす演技をしていたのだ。もちろん生理の出血は定期的におとずれるのだが、

「美由紀、こっち来てみてよ」

とトイレにわざわざ呼んで、血の固まりを見せた。そのうえで言った。

「これは生理やなかとよ。生理のときの血はサラサラやろ。違うけん、ほら臭《にお》いをかいでみんね」

生理用ナプキンの上に乗せたゴルフボール大の血の固まりを美由紀の顔に近づける。

「女性同士の場合、妊娠期間が長期にわたるけん、胎児の老廃物がこうしてときどき出てくるげな。これもそうよ」

また、ときには破水したと大騒ぎした。

「ほら、シーツがこんなに濡《ぬ》れとるやろ。ちょっと体調が悪いと破水してしまうんよ。気をつけんといけんね」

最後には例によって、切り札の「先生」を使った。

「先生からもね、妊娠中の純子ちゃんのストレスがたまらんよう、気をつけて、という指示ばい。先生はお腹のなかの子供に、〝純也〟ていう名前までつけてくれたばい」

純子は、「純也、純也」と呼びかけては、自分の腹をさすってみせた。こうして純子は、美由紀との生活のなかで、この妊娠話を最大限に利用する。妊娠中だから疲れやすい、と言っては、美由紀に家事一切を押しつける理由にもした。純子にとって、この架空の妊娠話はことのほか便利だった。なにより効果を発揮したのが、美由紀の身体を求めるときである。

「先生がね。子宮内の羊水が減っているから潤《うるお》さんといけん、て言いよんなると。セックスして潤す以外になか、て」

純子は猫なで声を出して言った。

「それにね美由紀、母体がエクスタシーを何度も感じたら、胎児の知能指数があがるげな。逆に感じんけりゃあ、知能指数が下がるらしか。そのためにも毎日セックスばせんとね」

男役は美由紀だった。純子は美由紀にスカートをはくことを禁じ、常にパンツ姿しか許さなかった。香水も男性用のものを強制した。

「美由紀、香水はアラミスがよかね。エゴイストは嫌いやけん。いくら男ものいうても、やっぱり上品でないといけんけんね」

男性体験

吉田純子の数ある嘘のなかで、堤美由紀とのセックスの際、いわばその舞台づくりの役割を果たすために登場させた男性がいる。久留米大学医学部の森口医師。純子は、森口を聖マリア看護専門学校時代に知り合った初体験の相手だ、と美由紀に吹き込んだ。むろんこの人物も実在しない。だが、純子は美由紀に肉体関係を迫るうえで、この架空の医師とのセックス体験をネタにした。

「聖マリア看護学校時代の夏休みだったんよ。ドクター森口と知りおうたんは。私が企業診療のアルバイトで検診車に乗っとったんやけど、そのときの担当医師が、ドクター森口やったと」

純子はそう言って話を聞かせた。

「私はドクター森口のおかげで女の喜びを知ったと。当時はまだセックスは覚えたてやったけど、それでん、ドクターは私の身体にのめり込んでいったばい。おまえは、娼婦《しょうふ》と淑女の両方の顔をもっとるすばらしい女て言うてね。だけん絶対に離さん、とまで言われたとよ」

森口は純子のバージンを奪い、しばらくシーツに残った出血をハンカチに浸して持ち歩いていた、とまで嘯《うそぶ》いた。純子は、それら森口とのセックス体験を美由紀相手に再現しようとした。

「私は、彼から陰毛まで剃《そ》られたこともあるとよ。ちょうど彼の部屋で、ビタミン剤の点滴を受けているあいだに眠ってしまい、気がついたらここがハート型にカットされとった。ねえ、美由紀、そのあとが残っとろうもん」

純子はみずから下着をとり、足を広げて陰部を見せる。

「あのときは写真までとられてから、さすがに恥ずかしかったばい。だけん、文句を言うたと。そしたら、〝お前の秘所はバラか蘭のつぼみのようだ。逆に陰毛はジャングルみたいに多い。はみだしていて、男ごころをくすぐる〟て言うとばい。そうやろうかねぇ」

純子は美由紀の顔にそこをくっつけながら、誘う。たしかに純子は剛毛だったという。

「なんなら、あのときみたいに剃ってもよかよ、美由紀。風呂場で。そのまえに触ってみない」

こうして美由紀は純子に愛撫《あいぶ》を強要される。純子は敏感だった。すぐに感じはじめる。でっぷりとした白い身体を弓なりにして叫んだ。

「ああ、そこっ、そこっ、クゥー」

背は高いが痩《や》せている美由紀は、いつも純子に押し倒された。もっぱら奉仕するのは美由紀の務めだった。純子は娘たちのいないときを見計らって大人のおもちゃまで用意したこともあるという。しばしば、二人でラブホテルにも行った。

「ドクター森口ともよく来たとよ。あのガラス張りのバスルームがあるやんね。あそこに私が先に入って、なかからカギを閉めると。素っ裸になってドクター森口のほうへ向かって、足を大きく上げるとよ。ガラスにピッタリ身体をくっつけながら。すると、向こうから丸見えになるやんね」

そう言って実演してみせる。

「ドクター森口は、必死でバスルームのカギをあけようとしとったばい。でも、いくらやっても無理。そのうち我慢できんようになって、ひとりで果ててしもうたと。それからなかに入れて触らしてあげたんよ」

純子の話がすべて想像の世界なのは、言うまでもない。だが、その想像を美由紀に聞かせることによって、みずからを高ぶらせる。そして、想像を実践していく。それが二人のセックスのあり様だった。

「男はじらせんと駄目やけんね」

純子は常に自慢げに話していた。純子のストーリーは、まさしく安物のポルノ映画のようだったが、それを毎晩のように美由紀とともに再現していく。二人の情事の原作になるストーリーは、おおよそ以下のような按配《あんばい》だった。

「風呂場では導尿をされたこともあったけど、ドクター森口は放尿したものをいつも飲んどったんよ。ドクターは〝純子ちゃんは情事のときに口が半開きになり、艶《なまめ》かしく舌が動くんやね。エクスタシーに達すると、きめ細かな白い肌がピンク色に染まり、そそられる〟てよく聞かされたばい。そうして一日に何度も何度も求められたと」

美由紀は、純子から聞かされたストーリーを再現するために自分自身を見失うようになる。酒を飲み、ときには覚醒《かくせい》効果のある薬物まで使用した。そうして快楽の海にみずからを投じる以外になかったのである。美由紀にとって、純子の話が本当であろうが、つくり話であろうが、もはやどうでもよくなっていった。

セックスレポート

堤美由紀は、吉田純子と付き合いはじめてからこのかた、住居を転々とした。スナックのマスターからつけ狙《ねら》われていると聞かされ、アパートを移ったのが最初。このころ、純子から「子供を産めない身体になっている」と言われた彼女は、睡眠薬を飲んで自殺未遂までしている。

そこから本格的に純子との同居生活がはじまるのだが、その一方、彼女の指示で洒落《しゃれ》たアパートを借りた。アパートは、彼女の下の二人の娘が通う「きさらぎ幼稚園」のそばだった。つまり、アパートを借りたのは、純子が幼稚園に用事があるとき、便利だという理由である。アパート選びも、純子みずからおこなった。三角形の出窓がすごく気に入っていたという。

「家具は五〇万円以内にしなさい、ていう先生の指示ばい。純子ちゃんといっしょに選ぶように、ておっしゃったよ」

もっとも、このころの美由紀は、純子に金銭のすべての管理をされていたため、自分で家具を買うどころではなかった。ただ、ここは窓から砂埃《すなぼこり》が入ってくる欠点があった。それに、しばしば純子の大嫌いな鳩がベランダに舞い込んだ。そこで、ここも引っ越した。

その後、純子が「ムーンパレス野中」に住むようになると、美由紀はその近くにアパートを借りた。それも純子の指示だ。子供たちの小学校に近い、というのがその理由だったが、実際はむしろ長女の紀子のためだった。五万二〇〇〇円の家賃は、高校に入り、祖母の家から戻ってきた長女の紀子のために支払っていたようなものだ。紀子が男友だちを連れ込んでいたあのアパートである。

美由紀は、純子から現金はおろかクレジットカードを持つことまで禁じられた。財布のなかは、ほとんど空。ひと月に自由になるのは、せいぜい数千円程度だった。

美由紀もさすがにそんな生活から逃れようと、何度か脱出を試みた。かといって、帰るところはない。純子から、姉や兄の悪口をさんざん吹き込まれていたので、とても身を寄せる気にはなれなかったのだ。

やむなく年老いた実母の暮らす柳川の棟割長屋に帰ったこともある。だが、そこは純子の予測できる場所だ。美由紀が純子のマンションを飛び出し、実家にいるあいだ中、十分おきに電話が鳴る。母親の手前、そう長居することもできなかった。

一度は、久留米市内の健康センターに逃げ込んだ。筑後地方の久留米は、ところどころに温泉が湧《わ》いている。市内には、それを利用した健康センターが点在する。そこは、市民が格安で休憩や宿泊することができる憩《いこ》いの場だ。美由紀が逃げ込んだ温泉センター「ゆうらく苑《えん》」も、そのひとつだった。

温泉につかり、久しぶりに湯あがりのリラックスした気分を味わっていた、そのときである。突然、館内放送に自分の名前が聞こえた。

「堤美由紀さん、堤美由紀さん、お電話です。フロントまでお越しください」

行く先は誰にも知らせていない。美由紀は耳を疑った。不安を覚えながら、フロントの受話器をとる。すると、聞こえてきたのは紛れもなく純子の声だった。

「私よ、美由紀。どう、びっくりしたろうもん、なぜ居場所がわかったか教えてやろうか」

受話器の声が勝ち誇ったように笑う。

「先生たい。先生の探索でわかったとよ。甘うみとったらいけんよ。あんたがどこに逃げようとしても、すぐに見つけられるんが、これでようわかったやろ」

遠くへ逃げる金はない。かといって、自分自身が借主になっているアパートへ逃げ込んでも、結果は同じだった。純子は、ドアチェーンをかけていても、お構いなし。ドスン、ドスン、と音を鳴らし、チェーンが引きちぎれそうな勢いでドアを開けようとした。しまいには、子供たちが泣きながら電話をかけてくる。

「美由紀おねえさん、お願いやけん、帰ってきて。こんままいなくなったら、私たちがお母さんに何されるかわからんもん」

実際、純子は自分の娘たちを容赦なく折檻《せっかん》してきた。美由紀はその光景を何度も目にしていただけに、かわいそうになる。

美由紀は、こうして逃げ出そうとしては元の暮らしに戻った。その繰り返しである。そして、純子とのただれた同性愛生活が再開された。

「むかし、高級ホテルに久留米大学のドクター森口と行ったことがあると。それで、ちょうど私がエクスタシーに達しようとしたとき、ドクターが目で合図するんよ。すっと、ドアボーイがそこにいる。ドアの隙間《すきま》から私たちの行為をのぞいとるんよ。ドクター森口に聞くと、〝おまえのあのときの表情を他人に見せたかった〟て言う。だけん、わざと呼んだて。そうすると、よけいに燃えるらしか」

純子は、何度も何度も、美由紀を空想の世界へといざなう。

「ドクター森口は、毎回、朝まで内陰唇を吸いつづけると。それで、ほら、私は足を閉じてもなかから内陰唇がはみだすとよ。こんないやらしい身体にされてしまったと。もっと顔を近づけてよう見らんね」

純子は頂点に達するまで、さほど時間はかからない。すると、またすぐに求めてくる。

「ねえ、美由紀。もう一回だけ。お願い」

純子の言葉どおり、美由紀はひと晩に何度も奉仕させられた。こうして、いつしか美由紀は、現実と空想の世界の区別がつかなくなっていったのである。

「セックスしたあと、トイレに行って戻ってきたら、そのままドクター森口の顔の前に身体を預けさせられると。そうして再び求められる。あのころはそれがふつうやったし、嬉《うれ》しかったよ」

そう純子は言った。さらに、「森口」とはまた別の大牟田市内にある病院の医師との情事の話までつくりあげた。

「そのドクターは、ホテルに入るなり、私のショーツを脱がすのが癖やったね。デートする前に自分でティバックやレースのショーツを買ってきとると。真ん中に穴のあいたショーツ。それを用意しとってから、履き替えさせられるとよ」

話の中身はそれほど代わり映えしないが、彼女なりにバリエーションをつけたつもりだったのかもしれない。

「このドクターは、ドクター森口よりやさしい人やったね。それで私もついついサービスしたとよ。ベッドをストリップの舞台みたいにして、私がそこで踊ると。こうしてね……。すっと、向こうがだんだんじれてくるんがわかるやんね。畑中葉子の、後ろから前から……て歌いながら、自分の手であそこを開いて誘うとった」

そうして純子は、美由紀の目の前で、その言葉のとおりを実演してみせる。たまには「片灘」という女医との同性愛シーンも交えた。むろんこれも架空の人物である。

「片灘さんはキス魔やったね。それで、私は身体中にキスマークばつけられて往生したとよ。でも、さすが女性だけあって、愛撫はうまかったばい。ここの舐《な》め方なんか……」

美由紀は、純子の言動に呆気《あっけ》にとられながらも、その演技に引きずり込まれていった。純子にとって、美由紀は性の願望の実験台だった。その実験記録を残しておきたかったのだろう。それが前出の「先生」へのレポート提出だ。

「先生がね、美由紀にお願いがあるげなよ」

とこう言った。

「純子ちゃんが美由紀さんをどうやって誘って、どんな情事をしているか、見たままを書いてほしい、て言うんよ。言い方、仕草、声、それらを早急に提出してほしい、て。意味はようわからんけどね」

いったんは美由紀も申し出を断った。すると、今度は「側近」の話として、こう言った。

「先生の寝室には、純子さんの等身大の写真が飾ってある、て言いなさる。それほど私のことを好きならしい。側近として、そんな先生の願いをなんとかかなえさせてあげたい、て言うとよ。先生が死ぬときは、美由紀のレポートを棺桶《かんおけ》に入れる、とまで言いなさる」

美由紀は、純子からピンク色の便箋《びんせん》を手わたされ、仕方なく書いた。「先生」宛《あ》ての赤裸々なセックスレポートは四通におよんだ。

純子はそれを読みながら、さらに妄想《もうそう》をかきたてていった。

もう一人の悪女

吉田純子は異常なまでの多汗症だった。太っていたせいもあるだろうが、美由紀との行為のときは汗をびっしょりかいて、ゆでだこのようになった。その体質が急激に変化していったのは、平田栄治殺害の前後からだ。原因は、健康食品だったという。

純子は健康食品に凝っていた。プロテインやビタミン剤から、液体酵素、アニマリン、粉末状にしたにんにくにいたるまで、ありとあらゆる健康食品を試している。だが、それほど効果はなかった。ところが、池上和子からミキプルーンをすすめられてから、ガラリと変わった。

朝夕の食事のときはもちろん、外食する際もそれを持ち歩いた。すると、汗をかかなくなり、みるみるうちに痩せはじめた。一年で五キロ近く体重が減り、ますますミキプルーンを気に入るようになる。

そうして、多少自信がついたせいかもしれない。通っていたエステティック・クラブ「たかの友梨ビューティクリニック」のゴールド会員になる。そこへ毎日のように通った。その成果があがり、六四キロあった体重は、またたく間に一〇キロ近く落ちた。すると、さらに欲が出る。美容にいいと言われてローヤルゼリーを飲み、高級化粧品や高価な石鹸を使いはじめる。純子が愛用したのは、米国の女優、シャロン・ストーンなどのテレビCMで有名になった新興化粧品会社「ヴァーナル」の製品。おかげで、ますます生活費がかさんだ。

純子は、平田栄治殺害で得た保険金やその後の義捐《ぎえん》金などの詐取《さしゅ》で、借金をすべて返済した。そのうえ貯金もできた。

純子の貯金のピークは、平田栄治殺害後の九八〇万円。そこから徐々に減りはじめ、わずか一年のあいだに底をついていく。捜査当局の調べによると、平成十一年二月時点で五八〇万円。それがさらに三月一日には四八〇万円に減り、同じ月の二十六日には三〇〇万円を割り込んだ。四月十五日現在で、一六〇万円にまで減っている。

そして、この間、純子は新たな犯行計画を練っていく。

「母を久留米に呼ぼうかな」

池上和子の夫を殺害した平成十年の暮れ、純子は、またしてもこう言い出した。瑞江が風邪をひいて、実家で寝込んでいるときだ。

「母もひとりだったら、やっぱり寂しいと思うんよ、美由紀。父もあんな調子やけんね。最近、母は弟の最初の奥さんに詫《わ》びたい、て言うと。孫に会いたいとやろね」

吉田純子が次に狙いを定めたのは、聖マリア看護専門学校時代のクラスメート、石井ヒト美の夫だった。

ヒト美は白衣の四人組のひとりだが、学生時代は純子と交換日記をつけていたいちばんの親友だ。また、石井の夫である久門剛は、かつて純子と交際していた時期があり、ヒト美がその縁で結婚したのは、先に触れた。専門学校卒業後にヒト美と再会した純子は、剛の借金話に乗じて、彼女から七五〇万円を騙《だま》しとっている。この借金が原因で、夫婦は別居状態にまで陥っていた。しかし、純子は、この夫婦の亀裂をさらに利用しようと、思いついたのである。

もっとも、別居してから大川市の実家に戻ったヒト美は、純子とは付き合いが途絶えていた。ヒト美にとっては、夫との不仲を純子に知られ、気まずかったのかもしれない。二人はすっかり疎遠《そえん》になっていた。

そこで、純子はまず、ヒト美に接近する手立てを考えざるをえなかった。その手段のひとつが、翌平成十一年の年賀状である。ヒト美はまだ久門姓だったが、別居してからは正月を大川市の石井家で迎えてきた。この年もそうだった。

元旦、そのヒト美の実家にめずらしい新年の挨拶《あいさつ》が届く。キティちゃんのキャラクター電報を使った年賀状である。このとき純子は三九歳、ヒト美は四〇歳だ。こんな年賀状を受けとることは、滅多にあるまい。もちろん、ヒト美の気を引く作戦である。だが、彼女自身もまんざら悪い気はしなかった。純子は、頃合を見計らってヒト美に連絡した。

「聖マリア（看護専門学校）の近くに喫茶店があったやろ。あそこ、まだやっとるよ。今度、会おうよ」

むかし懐《なつ》かしい喫茶店でヒト美と会った純子は、他愛《たわい》ない日常会話をしたあと、こう言った。

「もっと、むかしのようにいつも連絡をとれんね。携帯電話を買うたらどう？」

ヒト美は純子にすすめられるまま、携帯電話を購入した。

石井ヒト美の実家のある福岡県大川市は、日本家具の製造で知られる。筑後地方の西端に位置し、田園風景が広がるのどかな街だ。そこにはいまもヒト美の実母が住んでいた。見るからに疲れきっている母親が口を開いた。

「学校を卒業して、あの吉田純子というおなごに会いさえせなんだら、こげんことにはなっとらんかったのに」

仕組まれた再会。こうして、吉田純子という悪女の呪縛《じゅばく》から逃れられなくなる女が、またひとり増えるのである。それはまた、新たな悪女の誕生でもあった。

第六章　狂気の連鎖

西鉄久留米駅で待ち合わせた男は、自家用の軽自動車でやってきた。助手席に乗ると、「ムーンパレス野中」へ向かった。マンションへ近づくと、ハンドルを握りながら突然吐き捨てるように言った。

「たまにはここへ来ることがあるけど、あそこにはばあさんもおるしね。なかなか寄りづらいとです。ばあさんがおらんときなら、いいんですけどね」

吉田純子の夫、浩次である。妻が逮捕されたあとのいまも、娘たちといっしょには暮らしていない。マンションは浩次自身の名義であり、住宅ローンまで払いつづけているにもかかわらず、義母にここまで気を使っているのが印象的だった。

〈浩次の自衛隊の同僚が勤務中に倒れて急逝《きゅうせい》。労災扱いで多額の保険〉

逮捕時、福岡県警に押収された純子の手帳には、こう走り書きされていた。

純子はメモ魔である。その日あったことや印象に残った言葉などを手帳にメモする癖があった。美由紀や和子、ヒト美にも日誌をつけさせ、それを毎日読んだ。しかし、こんなことまで手帳に記すとは、さすがに奇異だ。

一連の保険金殺人の動機。捜査当局は、夫浩次の久留米駐屯地《ちゆうとんち》の同僚の急逝についての走り書きに関心を示した。平田栄治殺害の直前に記されたこの手帳のメモ書きが、一連の保険金殺人を思いつきっかけではないか、とにらんだのである。

メモ書きの当日、純子と美由紀、それに実母の瑞江の三人は、「ムーンパレス野中」五〇六号室でこんな会話を交わしていた。

「亡《な》くなった浩次の同僚には、奥さんと三人の子供さんがおるげな。でも、奥さんにとっちゃあ、却ってよかったんやなかろうかね」

純子が瑞江に言った。

「どうしてね、純ちゃん」

「労災の保険がおりていまや悠々自適げなよ」

「へーえ、そりゃあ、うらやましかね」

純子の言葉に、瑞江がうなずく。

「奥さんは、ほんとよかったたい。旦那さんが亡くなったんが仕事中で。それで労災がおりたっちゃろ。あの人の奥さんはこれで実家に帰れたっちゃろうもん。一生働かんでよかっさい。いっそのこと、浩ちゃんもそうなってくれんやろかね」

さすがに、二人の会話に堤美由紀が口を挟んだ。

「でも、奥さんにとったら、やっぱり寂しいんやなかかね」

すると、純子と瑞江の二人は、興奮気味に口をそろえて言った。

「そげんことあるもんね。子供が三人おったら、男なんかもういらんよ」

「そうそう、何も役に立たたん他人は、おらんほうがよかよ、美由紀さん」

美由紀は黙る以外になかった。二人の保険金殺人に手を染めた美由紀は、逮捕後、このときの三人の会話を何度も何度も思い出したという。


純子からヒト美に「キティちゃん電報」の賀状が届いた平成十一年の年明け。ここから、純子とヒト美は急接近していく。

ヒト美は、長年、夫の浮気性に悩んできた。それに加えて多額の借金もあり、別居したのが、五年前の平成六年のことである。このとき相手の女性とのトラブル処理を買ってでたのが純子だった。当時、ヒト美は純子に対し、夫の浮気の後始末という名目で、七五〇万円も支払っている。

ヒト美には、三人の息子がいる。平成十一年当時、長男は一五歳で中学三年生。彼女は、その浮気騒動を機に、息子たちとともに五年間も大川市の実家で夫と別れて暮らしてきた。大川市は、純子たちの住む久留米市から二〇キロ近く離れており、しぜん、その間ヒト美との付き合いが途絶えがちだったわけだ。

ヒト美の夫、久門剛は色白でハンサムだった。工業設備機器のメンテナンス会社に勤務していたが、勤務態度がとりたてて悪いわけではない。ただ、女性にはよくモテた。浮気癖があったのも事実である。平田栄治殺害に成功した純子は、このヒト美の亭主に次の狙《ねら》いをつけた。そして、別居中の彼女のもとを頻繁《ひんぱん》に訪れるようになるのである。和子の夫殺しのときと同様、今度もヒト美の協力は欠かせない。

純子は、ヒト美を夫殺しに加えるため、事前に策を練った。

「いい、池上ちゃん。私が向こうに着くころを見計らって電話するとよ。わかった」

二月下旬のこと。純子は池上和子と打ち合わせた。まずは、ヒト美の夫婦仲にさらに亀裂を入れる計画だ。みずからの夫を手にかけた和子は、すっかり純子の〝信奉者〟になっている。黙ってうなずいた。

純子がヒト美の家のチャイムを鳴らした。手にはイチゴ大福をぶら下げている。

「どうしたん、突然」

「いや、近くまで来たもんやから」

そんなやりとりをしながら、純子はヒト美の実家にあがり込んだ。雑談しながら、電話がかかってくるのを待った。

プルルル……、プルルル……。ヒト美が電子音のほうを振り向いた。

「突然の電話で申し訳ありません」

女性の声だった。浮気相手からの嫌がらせ電話——。ヒト美はとっさにそう感じた。かつて夫の浮気のせいで借金の尻拭《しりぬぐ》いをさせられた、という思いがよぎったからだ。

気が動転した。

「私は、お宅のご主人に普段からお世話になっている古林玉枝というものです。ごく親しくさせていただいています。一度、奥様にお話したいことがありまして……」

言うまでもなく、声の主は和子である。むろん声色を変えてはいるが、ヒト美にとっては、聖マリア看護専門学校時代のクラスメートだ。が、ヒト美はまったく気づかない。一方的に話を聞かされ、受話器を置いた。

「どうしたと、青い顔ばしてから」

戻ってきたヒト美に対し、純子がやさしく声をかける。ヒト美がつぶやいた。

「いや、実は主人の浮気相手からみたい。あん人は懲《こ》りもせんと、本当に憎たらしか」

そして純子が、ヒト美の動揺を見抜いたうえで、言う。

「剛さんもしょんなか人やね。一度、調べてみてあげようか」

純子の狙い、それが和子のときと同じく、ヒト美の夫、久門剛にかけられている三〇〇〇万円の生命保険だったのは、明らかだ。その手口も、和子の夫のときとそっくりである。

ヒト美は念のため、亭主の剛に電話の件を尋ねてみた。だが、なぜか剛の返答ははっきりしない。明確な否定の言葉もなかった。それで、よけいに夫への不信感が膨らんだ。

そんな折、タイミングよく純子から連絡が入る。

「あの人は、またやっとるみたいばい。しかも、今回はちょっと厄介な人間が絡《から》んどるみたいやけん、気をつけたほうがよかよ」

そうしておいて、池上和子に再び電話をかけさせた。

「古林ですけど、奥さんですか。一度、会ってもらえませんか。実は、事態はすでにかなり進んでいます。ご主人と別れてもらわなければならないと思いますが、詳しいことは会ったときに話します」

ヒト美にとって、亭主の浮気は恐怖だった。とても「古林」なる人間と会う気はしない。面会の申し出を断わりつづけたが、何度もしつこく電話がかかってくる。あげく、ヒト美はノイローゼ気味になってしまった。やがて「古林」と会って話をすることをしぶしぶ承諾した。

もっとも、そうなると困るのは和子のほうである。なにしろ、和子とヒト美は元クラスメートなのだから、会うといっぺんに嘘《うそ》がばれてしまう。そのあたりが純子の計画のずさんなところだが、そこで、純子は一計を案じる。「古林」こと和子に言わせた。

「今さら、そんなことを言われても遅いですよ。こちらのほうでは、あなたでは駄目だから、代わりにあなたや久門さんのことをよく知っている吉田純子さんに間に入ってもらうことに決めたんです。だから、吉田さんに来てもらってください」

なぜ、「古林」なる女性が純子のことを知っているのか、疑問は残る。だが、もともと純子と剛は交際していた。そうした関係から、古林が純子の存在を知った、という理屈をでっちあげたのだ。かなり強引なストーリーには違いない。が、それでもヒト美は納得した。

「先方が、吉田さんに代理人になってもらいたい、て言うとるけど、頼めんやろうか」

案の定、ヒト美は純子に切り出した。

「こっちも迷惑やけど、他ならぬヒト美のことやけん、引き受けるばい」

純子はわざと乗り気でない様子をみせながら、承諾した。結果、純子がヒト美の代理人となり、「古林」と交渉にあたることになる。すべて、彼女の計算どおりだった。

一度、救われたと信じ込まされた人間は弱い。実はその救世主が諸悪の根源だとはなかなか思いたくない。というより、それを認めることが怖い。そうして、いつしか自分自身も悪に加担させられていく。

純子はそういう人間の心理を最大限に利用してきた。

純子いわく、「古林」との交渉に臨んだのは、それから二週間後の三月初旬のこと。話し合いの場は、北九州市の小倉だった。

「古林ていうのは、浮気相手でのうて興信所の人やったばい。いっしょに中村ていう男の人もついてきとったよ」

純子がヒト美に交渉内容を報告した。

「正直言うて、あんたの旦那があげんひどか男とは思わんかったばい。浮気相手に貢《みつ》ぐために、あちこちで人を騙《だま》して金を巻きあげとるんよ。そのせいで旦那の知らんうちに自殺者までたくさん出とるげな。古林さんは、そん遺族の人たちに頼まれて調査した人たい。相当うらみば買うとるばい」

もちろん遺族たちの要求は金。と同時に、ヒト美が剛と離婚することを迫っているという。ヒト美はひとまず、子供たちや世間体もあるので離婚は嫌だ、と申し出を拒否した。それも純子の計算のうちだった。

「離婚が嫌て言うても、別れんけりゃ何するかわからんばい。そのうえに金ばとられたらたまらんやろ。でも、いい方法があると」

そうして、純子は久門剛の殺害計画を持ちかけていったのである。

「どういうこと？」

首を傾《かし》げるヒト美に対し、純子は「古林」からの要求だと偽って、こう話した。

「抹殺《まっさつ》たい。そうせんばおさまらん、て古林さんたちも言いよんなる。悪いけど、実はもう相談は済ませてきたとよ」

剛の保険金で遺族たちに慰謝料を支払う。純子はそんな話をでっちあげた。

「あんたも離婚よか、世間体がいいやんね。離婚やったら世間からどげな目で見られるかわからんけど、死別てなると、とたんに同情が集まるもんよ」

純子は石井ヒト美を説得した。

「いきなりそげんこと言われても」

逡巡《しゆんじゆん》するヒト美に対し、純子は強気に出る。

「もともとあんたの旦那は殺されても当然の人間なんばい。騙した人たちに死んでおわびせんばいけん人間たい。私に代理人を任せた以上、指示どおりにしてもらわんと困るよ」

純子は、すでに「古林」たちと剛殺害の日にちまで決めてきたという。

「あんたも旦那から騙されつづけてきたとよ。旦那は古林さんに、あんたと別居できてせいせいしたとまで言うとった、て。世の中、どこにでん人知れずひっそり死んでいくもんがおる。旦那を殺しても、大丈夫。古林さんが後ろで手をまわしてくれるけん、心配はなかよ」

ヒト美は決心した。いったん決めると、むしろ迷いより、不思議と夫に対する憎悪《ぞうお》がこみあげてきたという。

事件後の冒頭陳述にはこう書かれている。

〈被告人石井は、自殺者まで出した被告人夫と離婚してもいずれこのことが世間に分かってしまい、そうなれば被告人石井の夫が生きている限り家族が苦しめられ続けることになると考え、そうであれば、子供達にこれ以上辛《つら》く悲しい思いをさせず、また、自らもこの苦しみから解放されるためには、被告人石井の夫を殺害する方がいいと考

え……〉

ヒト美は、夫から裏切られつづけてきたと思い込んだ。純子はそこに付け入り、ヒト美に犯行の誓約書まで書かせている。

〈平成十一年三月二十八日午前中に夫久門を抹殺する〉

誓約書の宛名《あてな》は「古林玉枝」。純子は保険金のことについて、あらかじめヒト美に通告した。

「遺族があちこちにおるとやけん、そん人たちに慰謝料ば払わんといけん。だけん、旦那の退職金や生命保険ははじめからないもの、ち思うとかんといけんよ。少しでもあんたのところへ金が入るて思うたら、大間違いばい」

そして、いよいよ第二の保険金殺人が実行されるのである。

計画が練られたのは、例の「キティちゃん電報」が届いてから、わずか二ヵ月後のこと。三月十日だった。計画は、平田栄治のときと同じように、看護婦ならではの医療知識を駆使したものだ。純子は、「古林役」を演じさせた池上和子に加え、堤美由紀にも計画を打ち明け、協力をとりつけた。純子の策略は、決して複雑ではなく、むしろ単純きわまりない。これまでの嘘に少し脚色し、共犯者をその気にさせるのが常だ。

和子の協力をとりつけるに際しては、またも「井田佳寿恵」なる人物を使った。慰謝料を払いつづけてきた元同僚の准《じゅん》看護婦、山本あけみの代理人という架空の女性である。

「井田さんへの返済はまだ残っとるんよ」

と、純子は和子に言った。

「井田さんは前に北九州に住んどったて。そんとき、石井の旦那にひどい目におうたらしか。だけん、今回のことを話したら、石井の保険金を井田さんへの返済にあてたらいい、て言いよんなる。石井の旦那は生きとる価値のないような男やけん、死んでみんなの役に立てば、そのほうがよほど社会のためばい」

また、美由紀には、いつものように「先生」やその「側近」の苦境を訴えた。

純子の嘘には、繰り返し何度も同じ人物が出てくる。それは、ありえない偶然や矛盾点を多分にはらんでいるのだが、彼女たちはいつもコロリと騙されてしまうのだ。純子の描いたシナリオのなかで、他の三人もまた、自分自身だけは悪くないという身勝手な論理をつくりあげていたのである。

純子はヒト美にやさしく声をかけた。

「計画は、古林さんの使者と美由紀が実行するけん、心配いらんよ。あんたは旦那を眠らせるまでしてくれればいいけんね」

こうして、ついに「白衣の四人組」の最後のひとり石井ヒト美が犯行に加わる。ヒト美は完全にふっ切れていた。純子と美由紀へ積極的に加担した。

「やっぱり、子供も眠らしたほうがいいやろうね。堤さん、悪いけどあの男の抹殺を手伝って。よかね」

二人が答える。

「美由紀に謝礼として三〇〇万円やってね。わたしはあんたの友だちやけんいらんけど、美由紀にはお願いね」

「本当は嫌やけど、先輩のためなら仕方ありませんね」

「白衣の四人組」によって実行された二人目の保険金殺人。それは、まるで吉田純子から伝染した狂気の連鎖のようでもある。

「旦那さん、お酒は飲まれるとですか」

平田栄治殺害のときと同じく、殺害のアイディアを出したのは、堤美由紀だった。四人組のなかで、看護婦として最も頼りになる存在だ。ヒト美が美由紀の質問に答える。

「好きやねぇ。昔からざるみたいに飲むっちゃ。いまでも、毎晩水割りば飲んどるげな」

四人組が考えたのは、急性アルコール中毒死に見せかける薬物殺人。純子が言葉を補った。

「マーゲンチューブを使うて酒を流し込めばいいたい。あんたその前に旦那をちゃんと寝かしつけるとよ」

マーゲンチューブとは、医療現場で使用するゴム管のこと。患者の鼻孔から挿入《そうにゅう》し、胃に薬剤や食物を注入する際に使用される。チューブの挿入を気づかれないためには、相手を深い昏睡《こんすい》状態に陥らせる必要がある。

「ベゲタミンなんかの強い薬がよかやろうね」

そのための案はヒト美が出した。

「なら、あんたはベゲタミンを持ってきとかんね。私らはマーゲンチューブと注射器を用意しとくけん」

決行日は、平成十一年三月二十七日に決まった。平田栄治殺害から、わずか一年あまりしか経《た》っていない。

ちなみに、久門剛の殺害計画では、四人組のうち池上和子だけが、奇妙な役回りを演じている。捜査当局はこの和子と純子の関係について、以下のように見ている。

〈被告人吉田は、被告人池上に対する深い憎しみを持ち、その報復と制裁から、被告人池上自身の手で被告人池上の夫を殺害させたものの、さらに、徹底的に苦しめ抜くために、被告人石井の夫殺害に際してもその実行役に決めていた〉（冒頭陳述より抜粋）

純子の憎しみの原点は、彼女が堕胎したことを周囲に言いふらしたからだが、事実、二度目の犯行でも、和子は実行役という中心的な役割を果たした。だが、久門剛殺害における和子の役目は、それだけではない。「古林役」を演じ、犯行現場でも「古林の使者」を装《よそお》って、実行犯になっている。むろん純子の指示だ。

「古林さんが赤十字病院に勤めている腕のいい池田という看護婦を雇ってくれたから、その人に手伝ってもらうばい」

純子はヒト美にそう告げた。「池田」は「池上和子」のこと。和子だけが「池田」という偽名を使って計画に参加しているのだ。なぜわざわざ、こんなまどろっこしいことをしたのか理解に苦しむが、単なる純子の思いつきなのかもしれない。もっとも、和子の看護学校時代の元クラスメートであるヒト美は、ここでもまたそれに気づいていない。みなマスクをつけていたからという。

その犯行当日。三月二十七日は土曜日だった。別居中のヒト美の夫剛は、普段どおり会社に出勤したが、事前に彼女の実家に寄るよう、連絡を受けていた。長男の高校進学手続で相談したい、という理由で呼びだしたのである。午後三時に会社を出て、JRの急行電車で北九州市から大川市へ向かった。鹿児島本線の羽犬塚《はいぬづか》駅で降りると、ヒト美が車で迎えにきていた。二人を乗せた車が実家に到着する。

「まあ、ゆっくりしとかんね」

実家の居間に夫を案内したヒト美は、缶ビールを差し出し、カレーライスをよそった。剛がスプーンで一口食べる。

「苦いっ、なんかタマネギの腐ったごと味がするばい」

そう言いながらも全部平らげてしまった剛は、間もなく八畳の和室で深い眠りについた。そこから狂気の犯行がはじまったのである。

実母の殺害計画

「あんたも蹴《け》らんね」

久門剛の呼吸がとまったことを確認したあと、吉田純子は石井ヒト美に向かって言った。マーゲンチューブでウィスキーを流し込む作業は、一時間を超え、すでに時計の針は午前零時半をまわっていた。ヒト美はうなずくと、純子よりもっと強く顔面を蹴りあげた。薄明かりのなか、鬼のような形相をしていたヒト美は、さらに夫に平手打ちを加えると、満足げに微笑《ほほえ》んだ。

純子とヒト美は顔を見合わせた。

「あははは……」

重苦しい沈黙から一転。大きな笑い声が部屋に響いた。

「先輩、一五分くらい様子を見てください。それから電話して。一時ごろ、電話して救急車を呼んでみらんですか」

美由紀がそう言って、純子たちといっしょに立ち去った。

実は、剛はこのあと息をふきかえしている。救急車に運びこまれるときだ。ヒト美からその連絡をうけた純子は、焦《あせ》った。搬送先の病院に駆けつける。そこから、自宅で待機していた池上和子の携帯電話に連絡を入れた。

「いま、あん男は集中治療室で治療中やけど、ひょっとすると助かるかもしれん。そやから、あんた注射器ばもってこっちに来ない。万が一の場合は、忍び込んでエアーばうつたい」

実際、和子は注射器を用意して病院にかけつけた。彼女たちは病室の外から、じっと様子をうかがう。廊下は静まり返り、重苦しい時間が流れた。すると、いきなり医師や看護婦たちがあわただしく動きはじめた。

「大丈夫そうやね」

純子が美由紀に言った。間もなく、剛は死亡。すると、純子はニヤリと笑った。

「美由紀、やっぱ、あんたの判断は正しかったね」

「足に静脈注射のあとが残っとったかもしれんけど、看護婦が新米で助かったね。気づかんかったもん」

彼女たちにとって、結果的に剛が病院で息を引き取った形になったのは、むしろ幸いだった。そのほうが、自然死にみえるからだ。ヒト美は、夫の死亡した当日、さっそく保険会社に電話した。三三〇〇万円の生命保険金の請求手続きに必要な書類をとりよせるためである。現に保険会社も、何も詮索《せんさく》せず、そのまま支払いに応じている。

「保険金は旦那に騙されて自殺した遺族に支払うっちゃけん、古林さんの指示に従うてね。そんためにまず、福岡シティ銀行の東久留米支店に口座をつくれ、ていう指示ばい」

純子は保険金の受け取り口座まで指定している。犯行から十一日後の四月七日のことだ。そのうえでヒト美から通帳と印鑑を取りあげた。むろん、保険金をすべて手に入れるためだ。

そして、十六日、念願の保険金三二五七万三一八円が振り込まれた。契約金額よりいく分少ないのは、保険会社から剛が借金をしていたため、それを差し引かれたからだ。驚いたことに、純子はこのことで保険会社にしつこく抗議までしている。が、さすがにそれは通じなかった。

おまけに、剛の殺害で、ヒト美から美由紀に渡すと約束させた三〇〇万円の報酬は別扱い。純子は剛の退職金からヒト美にそれを請求した。もちろん、それもその手に渡っている。

夫の殺害から四年後の平成十五年七月、福岡地裁の法廷に石井ヒト美の姿があった。

「平成六年三月二十五日から主人と別居していました。その間も含めて、一一年間の結婚生活で夫は一〇〇〇万円ぐらい借金をしてきました。このまま借金が減らないと、子供たちにもよくない、と考えてしまい、ああいうことまでしてしまったのです」

うつむいたまま、鼻水をすすりあげて証言する。

「主人は女性とのトラブルもたしかにあったようです。結婚当初、主人は吉田さんとも連絡を取りあっていたと思います。それで、主人が他人からお金を騙《だま》しとってきた、と吹き込まれ、ついつい信用してしまったのです」

次第に声が小さくなっていく。

「〝あと八五〇万円支払わなければすべてが明るみにでる〟と言われ、計画書（誓約書のこと）にもサインし、実印を押しました。あのときは、本当にそう思い込んでしまったんです。今は、主人に息子の進学の件で嘘《うそ》をついて、本当に申し訳なくて。あのとき、だんだん夫の息が聞こえなくなっていって……」

最後は、そう言って泣き崩れてしまった。

女王様の狂気

〈被告人吉田は、上記生命保険金を受領すると、同年四月十七日から同七月十八日までの間に、合計三〇〇〇万円を払い戻した。そして、消費者ローンの残債約五五〇万円を弁済し、合計一一五〇万円を定期預金とし、その後マンション購入の際の頭金として合計約五〇〇万円、その他クレジットの支払いや海外旅行及び生活費等として費消した〉（平成十四年八月検察側の冒頭陳述より）

飽くなき金銭への執着心――。吉田純子はこの一〇年間というもの、常に金の呪縛《じゅばく》でがんじがらめになってきた。純子は騙しとった金を使い、逮捕直前の四月まで高級エステに通い詰め、ときには堤美由紀と家族を連れて旅行もした。東京ディズニーランドをはじめ、長崎のハウステンボスや宮崎のシーガイアなどの人気スポットに好んで行った。久門剛を殺害した翌平成十二年の暮れには、海外旅行もした。十二月二十九日から一月四日までの一週間。行き先はハワイで、費用は二〇〇万円もかけている。ワイキキのビーチで、純子は美由紀に語りかけた。

「ねえ美由紀、ここは空気がおいしかね。老後は二人でここで暮らさんね」

「うん、それもいいかもね」

この年、純子は、また新しいマンションを購入する。それまで住んでいた「ムーンパレス野中」の斜め向かいに建設された九階建てマンション「ムーンパレスⅡ」。純子は剛の保険金を頭金にして、その最上階にある4LDKの九〇三号室を購入した。純子にとっては二つ目のマンションを手に入れたことになる。価格は二九九〇万円だったが、その購入資金そのものは、最初のときと同じく、別居中の夫、吉田浩次にローンを組ませた。

「これも前といっしょで、騙されたようなもんですたい。純子は、〝柳川の実家を売れば新しいマンションを買える。両親を古いほうに呼び寄せたいけん、買いたい〟て言うとったとです。でも、全部嘘でした」

浩次本人が言った。

「結局マンションのローンは、二つとも俺が背負ったまま。住んだこともなかとに、ローンだけは今でも毎月三〇万円ばか払わせられとるとです。新しく買うたマンションは、子供たちと純子が住む言うもんやけん、それならよかろうて思うたとです。でも、九〇三号室は、純子と堤さんが二人で暮らしとったじゃなかですか。子供たちには入らせもせん。本当に何やっとったとか、あん馬鹿が」

おまけに純子は、新しい部屋の内装工事に一四〇〇万円もかけている。新たに買った九〇三号室はまさしく女王様の城だった。二三〇万円もかけてシステムキッチンを整え、和室の床の間を通常の二倍の高さにした。リビングには大理石のテーブルを置き、純子はフカフカの高級絨毯《じゅうたん》に寝転んだ。リビングルームの外のバルコニーにはサンルームを設置し、裸になって日光浴をした。純子にとっては美由紀との愛をはぐくむ絶好の場所でもあった。二〇万円もかけてドアに頑丈な鍵《かぎ》をつけたのも、そのためだったのかもしれない。

その一方で純子は、柳川にいる実母、瑞江を古いほうのマンションへ呼び寄せた。父親の軍造は柳川のリハビリセンターに残したまま、母親だけが久留米でいっしょに暮らしはじめる。

「壁紙は花柄がよかね。部屋が明るうなるけんね」

瑞江はマンションへ越してくる際、純子にそう甘えた。純子は照明やカーテン、キッチンの食器棚、その他の電化製品いっさいを買い替え、瑞江を迎えた。

そうして、四人組の残る美由紀、ヒト美、和子の三人を、「ムーンパレスII」に召集し、身のまわりの世話をさせてきたのである。そのために、彼女たちにも部屋を買わせた。

〈被告人石井は、同年（注＝平成十一年）五月、被告人吉田から八五万円を貰《もら》い、被告人堤は、同年十二月から同十二年八月にかけて、被告人吉田から、先生が出してくれたとの説明を受けて、マンション購入費用として合計約二〇〇万円を……〉（冒頭陳述より）

堤美由紀は「ムーンパレスII」の四〇五号室、石井ヒト美がその下の三〇六号室、池上和子は一〇二号室。ちなみに美由紀の四〇五号室の購入価格は二一三〇万円。他の二人も同じタイプの部屋であり、似たような価格だろう。三人は純子から資金援助をしてもらい、それぞれの部屋を購入した。といっても、純子の金の出所は久門剛の生命保険金なのだが、そこには誰も触れない。こうして女王様と三人の家来たちの主従関係ができあがっていく。

ヒト美には、三人の息子がいるが、新居では母親とすれ違いの生活を強いられた。ヒト美は柳川のリハビリセンターに入院している純子の父親の介護をやらされていて、帰宅がいつも遅くなった。父親の死亡後、子供たちは母親と夕食をとる機会がまったくなくなったという。

また、和子はすでに栄治の殺害後、児童福祉施設に娘たちを預けてきたが、それも純子の指示だった。同じマンションに住むようになり、身軽な彼女はさらに重宝に使われた。

彼女たちは、純子本人やその子供たちはもちろん、柳川から呼び寄せた母親の世話、さらにはごみ出しや夜食づくりにいたるまで、ありとあらゆる用事を女王様から仰《おお》せつかった。

なかでも美由紀の役目は多い。純子の性欲のはけ口でもある。純子の九〇三号室と美由紀の四〇五号室が二人の情事の場となった。日常生活は、瑞江が移り住んだ古い「ムーンパレス野中」五〇六号室で送る。そこでは、まるで住み込みの女中のように家事いっさいをやらされた。

ちなみに、この五〇六号室には、純子の実弟、信二もしばしば訪ねるようになる。最初の結婚に失敗した信二は再婚していたが、妻を伴うわけではなかった。いつもひとりで母親に会いに来ていた。瑞江は、再婚相手のことを嫌い、出入りを禁止していたという。

瑞江と信二は、いつも二人きりで一夜を過ごすのだった。

普段の純子は、新しく買った九〇三号室へ娘たちが出入りするのを許さなかった。だが、信二がやって来たときだけはしぶしぶ泊まることを認めていたという。

「美由紀おねえさん、ばあちゃん、おかしかて思う」

娘たちは部屋を追い出されると、決まって美由紀に愚痴った。

「おっちゃんが来ると、自分のベッドを提供してそこへ寝かせるとよ。なんであげん気ば使うとやろうか、ばあちゃんは。ほんと気持ち悪かよ」

四人組の他の三人のうち、純子のいる九〇三号室へ入ることを許されていたのは堤美由紀だけだった。そのため、美由紀は他の二人とは別格扱いのようにも見える。たしかに、同性愛の肉体関係もある。美由紀が新たに買った四〇五号室の寝室は、常に施錠され、そこも入れるのは純子と彼女だけだった。

だが、こと四人組の上下関係という意味では、美由紀も他の二人とさしたる違いはない。

事件渦中の報道では、他の二人が美由紀のことも「堤様」と呼んでいたかのように伝えられたが、そうではない。美由紀はあくまで吉田家の家来の一人であり、三人はほぼ同等の立場だった。美由紀は、ヒト美からは「堤さん」、和子からは「美由紀ちゃん」と親しみを込めて呼ばれていた。

「美由紀、先生がね。〝これからは純子ちゃんは私の分身と思うように〟て言いよんなさったと。だけん、これからは、私のことを〝吉田様〟て呼ぶよう、ちいう指示ばい。わかったね」

純子は、他の三人へこうも命じた。

「純子ちゃんへの感謝の気持ちを書いて提出しなさい、ていう先生からの指示ばい。それと、毎日の行動をノートに書きとめて純子ちゃんに渡すよう、とも言いなさった。よかね」

平成十六年夏、彼女たちの住んでいたマンションを改めて訪ねてみた。エントランスフロアーの郵便受けには、もはや彼女たちの表札はない。

「吉田さんたちの部屋はどうなっていますか」

そう住民に尋ねてみた。

「そのままじゃなかですか。石井さんの部屋だけは事件の前に引越しされたけど、持ち主はどこも変わっとらんと思いますよ。住んどる人はおらんみたいですけどね」

さらに、こうも話した。

「もともと、あの人たちはここの住人とは口をきいたことすらなかったて思います。たぶん、吉田さんからそう命じられとったんだと思いますけど、挨拶《あいさつ》もしませんでした」

ひとりの女王様に仕える三人の召使い。マンションに集結した四人組は、周囲の人間関係を遮断《しゃだん》した。その直前、女王様の狂気は柳川にひとり暮らしをしている美由紀の老母に向けられていた。

〈前文　失礼致します。

早速ですが、去る六月四日・五日に堤佳子氏・堤智成氏の両名が、私の勤務先である天神クリニックに、押しかけて来られたのが原因で、そのことを中傷・誹謗《ひぼう》され、とうとう、退職に追い込まれ、過日、退職致しました。

全《すべ》ては、堤家の人達の非常識的逸脱した行動・言動に、私は、職場さえも追われることになり、恨んでも、恨んでもこの怒り・悔しさ・憤《いきどお》りがこれから先、消えることはありません。本当に、私はこの事をきっかけに、堤家の一員であったことを抹消《まっしょう》させて頂きます。と、同時に堤家の皆様にも再度、認識して頂きたく、存じます〉

こうワープロ打ちされた書簡が、美由紀の兄姉のもとへ届いた。平成十二年九月九日付の消印になっている。

〈振り返りますと、私は、幼少のころより、堤家にとって余り物のような待遇を受けてきました。

おそらく、両親にとって私は、望まれてこの世に生を受けた子供ではなかったのではないでしょうか……???

すでに、五人の子供がおり、経済的にも、体内に宿った生命を抹殺する余裕がなかった……としか思えません。幼少の頃より、何か言いたくても、聞いてほしくても聞いてもらえない。両親の仕事や子育てに追われる忙しさや、精神的にも経済的にも余裕がなかったのか……??〉

差出人は〈堤美由紀〉。宛名は〈堤家ご一同様〉となっている。A4判用紙三枚につづられた書簡。いわば美由紀が堤家の親類縁者に送りつけた絶縁状である。

だが、これは美由紀本人が書いたものではない。純子が美由紀の名前をかたり、勝手に彼女の親や兄姉のもとへ郵送した書簡だ。なぜ、こんな絶縁状を送りつけたのか。

書簡には、こうも書かれている。

〈今回五月二十九日の柳川での「事件」で、私のかけがえのない友達に対する堤ミサエ氏・堤佳子氏・堤智成氏の度重なる非礼・無礼の数々……。ゆうに三ヵ月を過ぎても、何らその友達に対する謝罪・お詫《わ》び・お礼の言葉も手紙もない。それどころか、何事も無かったかのような失礼極まりない、堤ミサエ氏からのあのハガキ……。

又、一ヵ月・二ヵ月連絡がないと、私が何か「事件」でも起こしたのではないか??と考える堤ミサエ氏の神経は、理解しがたいものがあります〉

ここにある「友達」というのが純子自身のこと。「事件」は、美由紀の老母、堤ミサエの襲撃である。書簡は、ミサエ襲撃事件の犯行を疑われていた純子が、それを打ち消すために関係者に送ったものだ。わざわざ美由紀の名前をかたって絶縁状という形にしたのは、美由紀と家族の連絡を断ち切らせようとしたためでもある。

書簡にある柳川での「事件」は平成十二年五月二十九日に起きた。

インシュリン注射

堤美由紀の実母、ミサエは大正七年二月生まれ。平成十二年当時八二歳だった。美由紀が吉田純子と関係をもつようになってから三年後の平成七年四月、純子はミサエから五五〇万円を騙《だま》しとっているが、預金は純子の予想を上回り、九〇〇万円もあった。純子は、この預金とミサエにかけられている保険金に目をつけたのである。

まずは、いつものように実行役に池上和子を選ぼうとした。例の「井田佳寿恵」を使って、純子が和子を誘う。

「井田さんがね、美由紀のお母さんを殺そうて言いよんなると。美由紀は、六人きょうだいのなかでお母さんから虐《しいた》げられてきて、かわいそうなんよ。それで、井田さんが〃あの人は生きるに値しない〃ち言うと」

だが、和子は気乗りがしない。そこで代案を出した。

「なら、その役は石井さんがよかやなかですか。石井さんは前も大して働いとらんし、お金を出せば引き受けるち思いますよ」

「その金はどこから出すとね。まさか井田さんに出させるわけにいくめぇも」

「五〇万円くらいなら、私でもなんとかなりますから、どうでしょうか」

それで、今度は石井ヒト美にも同じことを言う。やり方も同じように、「古林」を使った。あらかじめ、和子が古林を名乗って電話し、金を要求する。そうして、ヒト美をパニックに陥らせた。そのタイミングを見計らい、純子がヒト美に声をかけた。

「古林さんがね、美由紀のことがかわいそう、て言いよんなさると。美由紀はずっとお母さんに仕送りばさせられとるけど、それはお姉さんたちに使われてきたらしか。

こん先もずっとそうなる。だけん、こうなったら今まで仕送りしてきた分を取り返そう、て言うと。そのためにはもうお母さんを殺すしかなか、て。あんたも取り戻した金を古林さんへの返済にあてたらよか。そしたら、もう古林さんからの電話で悩まされんで済むばい」

ヒト美は、剛の浮気の後始末という名目で、「古林」から追加で四〇〇万円を請求されていることになっていた。その要求の電話にうんざりしていた。みずからの夫を手にかけたという負い目もある。あっさりミサエ襲撃の実行役を承諾した。和子が襲撃方法のアイディアを出し、それをヒト美が実行に移す。そういう殺害計画だった。

ミサエは糖尿病を患《わずら》っている。そこで、彼女たちが考えたのが、インシュリン注射による殺害だ。誤って多量にインシュリンを投与された場合、血糖値が急激に下がり、死にいたる。純子たちは、その効果を利用しようとした。ヒト美は夜勤の際、勤務先の病院からインシュリン五ccと注射器三本を盗んだ。

堤ミサエは、美由紀の姉と二人暮らしだった。平日の午前中は娘が働きにでるため、一人になることが多い。純子たちはそこを狙《ねら》った。決行日は平成十二年の五月二十九日に決まった。

ミサエは現在も美由紀が生まれ育った柳川市の市営住宅に住んでいる。国道の大通りから細い市道に入り、一五〇メートルほど進むと、世帯続きの棟割長屋の集落がある。ミサエの住居は六畳一間と四畳半の二間。昼間、ミサエは市道に面した六畳の居間で過ごすという。居間の道路側には四枚のサッシのガラス戸。そこから出入りできるようになっている。

四年前の平成十二年五月、そこに変装した石井ヒト美が現れた。

トントン、トントン……。

午前十時半、その戸を叩《たた》く音がした。白いレースのカーテンをあけると、グレーのスーツを着た小柄な中年女性が立っている。サングラスをかけたヒト美だ。

「探偵事務所の者なのですが」

ヒト美が柔らかな物腰でミサエに語りかけた。

「実は娘さんのことで調査に来ました」

そう言って、事前に作成していた調査書類を広げた。手に持っていたバッグのなかには、すでにインシュリンが入っている注射器をしのばせている。ミサエはあっけにとられたが、書類を見せられ、さすがに追い返すわけにはいかない。

「とにかく、入ってください」

ヒト美はそのまま居間にあがりこんだ。ガラス戸を閉め、さりげなく、レースのカーテンをひいた。

部屋には、布団のかけられていない炬燵《こたつ》のテーブルが置かれてあった。座布団をすすめられ、ヒト美は戸を背にして座る。耳の遠いミサエは奥の部屋に補聴器をとりにいった。ヒト美はその隙《すき》にバッグからすばやく注射器を取りだす。右側の尻《しり》の下に隠した。

間もなく戻ってきたミサエは、ヒト美の左隣に座った。テーブルに広げられた、娘の調査書類を凝視している。不倫調査という名目の書類だ。ミサエは黙ったまま、うつむいて、それをじっと見ている。しばし沈黙がつづいた。

ヒト美はそのミサエのうなじをじっと見つめていた。そして、意を決したように、注射器を手にした。ミサエの後ろ側にまわりこんだ。

「なにしとっとですか」

首筋に痛みを感じたミサエが、後ろを振り向いて声をあげた。とっさに注射器を引っ込めてヒト美が取り繕う。

「いや、なんでもなかですよ。この書類、わかりますか」

あくまで柔和な表情でそう言った。だが、ミサエは怪訝《けげん》そうな顔をしている。

次の瞬間、ヒト美の形相が一変して、老母を引きずり倒した。二人はもみ合いになる。

「ギャーッ、誰か、助けて」

ミサエは渾身《こんしん》の力を振り絞って逃げようとする。必死で注射器を払いのけた。その拍子にヒト美の手から注射器が離れる。畳に落ちた。ヒト美はあわててそれを拾う。

「誰か、誰か」

ミサエはいつくばってサッシに手をかけた。ヒト美がそこに覆《おお》いかぶさろうとした。


平成十五年五月二十一日、福岡地裁。法廷には、吉田純子と堤美由紀が証人出廷していた。ベージュのズボンに、バーバリー柄の黒い丸首シャツ姿の純子が傍聴席から見える。そこへパーテーションに囲まれて入ってきた背の高い女性が美由紀だった。純子から見えないようにする、裁判所の配慮だ。そのまま、証人席につかせる。四方をパーテーションで囲い、弁護人の方向だけ少し隙間を空けて美由紀と弁護士とのやり取りができるようにしてある以外は、全く外から美由紀の姿が見えないようにしてしまった。

検事の美由紀への尋問で公判がはじまった。

「お母さんの件について、あなたは母が襲われたというように証言していますが、吉田被告から、お母さんを殺して欲しいといわれたことはありますか」

「あります」

「それはいつのことですか」

「平成十二年の二月のことです」

吉田純子は、堤美由紀にも実の母親殺しを依頼していたのである。美由紀は検事の質問にこう答えた。

「『ムーンパレス野中』五〇六号室で、薬を渡されました。血糖降下剤を四錠ほど睡眠剤を手渡され、〝実家に戻ったときにお母さんに飲ませるとよ〟と言われたのです。でも、これを飲ませたら、もう母が目を覚まさない。そう思って、台所で水に流して捨てました」

さすがの純子も、それからは美由紀に実母殺しを指示してはいない。だが、美由紀自身は、純子が一度決めた計画をあきらめるような性格ではないことは百も承知だった。

「いつか母親が純子たちの手にかけられる」

そう感じながら、それでも純子をとめることができなかった。犯行後の隠蔽《いんぺい》工作に使った堤家に対する〝絶縁状〟の存在も薄々感づいていた。そうでありながら、見て見ぬふりをしていたのである。

第七章　決　裂

二人の孫を連れた老夫婦にみえる四人が、肩を落として歩いていた。福岡地裁の玄関を出て、大通りに向かっている。猛暑が続いた今年八月。真夏の午後三時過ぎの強烈な日差しが、容赦なく彼らを照らしていた。

「ヒト美さんのお母さんですよね」

後ろから声をかけると、立ち止まって振り向く。隣の男性も向き直り、怪訝《けげん》そうな表情を浮かべている。

「失礼ですが、ヒト美さんの伯父様でしょうか」

名刺を出してそう尋ねると、うなずいた。石井ヒト美から相談を受け、彼女を警察に連れて行った父親の実兄である。立ち止まって重い口を開いた。

「たぶん、私があん子を警察に連れていかなんだら、事件は永久に分らんでしたでしょう。でも、いまになってみると、これでよかったんか、て思います。まさか、あん子があそこまでやったとは知らなんだ。そのせいで、われわれは地獄の日々を送る羽目になったとですけん」

　みずからの夫を手にかけたヒト美は、高校の後輩、堤美由紀の母親を襲った。棟割長屋から少し離れた位置に車をとめて待機していたのが池上和子である。車の後方に長屋の玄関がある。堤ミサエが住んでいる市営住宅だ。和子は、万が一の訪問者にそなえた見張り役だった。石井ヒト美が長屋に入るのを見届けたあと、ルームミラーでずっと軒先の様子をうかがっていた。

　そのミラーに、再びヒト美がうつった。思ったよりずい分早い。しかも、ひどくあわてている。玄関先から飛び出してきたヒト美は、玄関前にとめてあった車に乗り込んだ。そのままエンジンをかけ、車を急発進させる。ミラーのなかの車が遠ざかっていく。予想外の展開だ。

　和子はすぐに吉田純子の携帯電話を鳴らした。

「どうも、うまくいかんかったみたいです。石井さん、あわてて家から出てきました」

　そう純子に報告した。

「とりあえずあんた、そこから離れんね」

インシュリン注射をうたれたミサエは、ヒト美を振り切り、転げ落ちるようにしてガラス戸から脱出した。すると、ヒト美があわてて立ち去っていく。ミサエは力を振り絞り、逆にそのあとを追った。だが、そのあたりから首筋に刺されたインシュリン注射が効きはじめる。玄関先まで追いかけたところで力つきてしまった。

ヒト美は車を急発進させながら、バックミラーにうつったミサエを見た。車のなかから携帯電話で事情を純子に伝えた。ミサエは、一時昏睡《こんすい》状態に陥ったものの、かろうじて一命をとりとめたのだ。こうして、堤ミサエの殺害計画は未遂に終わった。

同僚看護婦の一〇〇〇万円詐取《さしゅ》（注＝起訴されたのは五五〇万円分）にはじまり、平田栄治と久門剛の保険金殺人、そして堤ミサエの襲撃――。これら一連の四人組の犯行では、何度か事件が発覚する機会があった。とりわけ、ミサエの襲撃では、実行役のヒト美の面が割れている。なぜ、この事件がすぐに表面化しなかったのか。

平成十二年五月の事件当日、純子は久留米市内にある「たかの友梨ビューティクリニック」であらかじめフェイシャルエステの予約を入れておいた。それを当日になってキャンセルした。アリバイ工作のつもりだろう。そのまま自宅でヒト美や和子からの報告を待った。

しかし、思わぬ展開——。報告を聞いた純子は、なによりも犯行が発覚するのを恐れた。そこで考えた。純子はまず、美由紀に様子を探らせようとしたのである。

「美由紀、実家のお母さんが大変みたいばい。すぐに行って」

夜勤明けのため、マンションで仮眠をとっていた美由紀を起こした。美由紀はすぐに車で駆けつけたが、すでに警察官が現場検証をおこなっている。

意識は朦朧《もうろう》としながらもミサエが警察官の質問に答えていた。ふと、居間の畳に目をやると、そこには白い液体が飛び散っている。美由紀には、すぐに注射器から漏れたインシュリンだとわかった。それが誰の仕業だったのかということも。

美由紀はとっさに老母にバナナや砂糖を食べさせ、グラスに牛乳を注いでそれを流し込ませた。血糖値の降下を防ぐためである。それでもミサエの意識はなくなり、昏睡状態に陥った。

純子にとって、美由紀のこうした処置は計算のうちだ。たとえ、このままミサエが死亡しても、美由紀を現場に駆けつけさせたのは純子自身である。嫌疑はかからない、と踏んだ。

美由紀は、乗ってきた車で近所の病院へ母親を運んだ。そうして何とか危機を脱した。

このとき、純子自身も病院に駆けつけている。

「お母さんは日ごろからちょっと呆《ぼ》けていて、こういうこともよくあるんです」

警察官を前にして、堂々と説明している。

「あなたは？　娘さんですか」

「美由紀、いや娘さんと親しくしている親友です。心配でいてもたってもいられずに駆けつけました。娘としては、自分の母親のことを呆けているとは言いにくいので、私からお伝えしといたほうがいいと思って」

「そうですね。かなりお歳《とし》のようですしね」

結果、警察官たちはさしたる捜査もせず、引きあげてしまう。

もっとも、殺されかけたミサエ自身は純子たちを疑った。事件前に、純子が何度もミサエの家を訪問していたからだ。美由紀が純子からの知らせですぐにかけつけてきたことも却って怪しい。とくに兄姉たちの疑念は募った。兄姉は美由紀にもそのことを話した。

純子にとっては、それらの疑念を封じ込める必要がある。そのために送りつけたのが、美由紀の〝絶縁状〟である。疑いをもったことを詫《わ》びろ、という書簡だ。差出人は美由紀の名前になってはいるが、それも怪しい。少なくとも、裏で糸を引いているのが純子だということは明らかである。堤家では、この手紙を無視した。

おかげで美由紀は堤家の親きょうだいと縁を切らされる羽目になる。だが、これは純子にとって一石二鳥だった。そして、純子は美由紀にダメを押す。

「美由紀が家族と縁を切らんと、先生が二番目（次女）を抹殺《まっさつ》する、て言いよんなる。彼女が純子ちゃんを侮辱したけん、て激怒しとるんよ」

美由紀は戸惑い、懇願した。

「お願い、家族にだけは手を出さんで、て先生に頼んで。言うとおりにするけん」

美由紀は堤家の戸籍からの分籍まで強要された。母親の戸籍から抜け、ひとりで籍をつくらされたのだ。

堤家にとっては、これ以上純子らとかかわりたくないというのが本音だったろう。それでミサエの殺人未遂もそれ以上追及することなく、絶縁状も放っておいた。しかし、結果的にそうすることで純子の狙《ねら》いどおりになった。おかげで事件はいったんうやむやになったのである。

おまけに意を強くした純子は、堤ミサエ殺害の失敗に対する制裁金と称して、石井ヒト美から三〇〇万円を奪いとっている。

一連の犯行で吉田純子が手にした現金は、二億円にのぼる。池上和子からのものが最も多額で、一億一五〇〇万円、次に石井ヒト美からの六九〇〇万円。このなかに二人の夫の生命保険金が含まれているのは、繰り返すまでもない。その吉田純子にとって、計算外の事態が起きる。

ヒト美の夫、久門剛の殺害後、純子は彼女に対し、保険金のほかにもさらに金銭を要求した。亭主のトラブル処理が残っていると言い、追加で四〇〇〇万円かかる、と請求する。さらに、そこへミサエ襲撃失敗の制裁金まで加わった。絞りとるだけ絞りつくす。純子のいつものやり方だ。そして、純子はヒト美の実家の土地にまで目をつける。

純子は、大川市にある実父名義の三〇〇坪の農地を手に入れようとするのである。近くここの地目が農地から商業地に変更され、地価が高騰《こうとう》する。それを聞きつけた、いかにも純子らしい発想だ。もっとも、あくまで土地の購入者は、亭主のトラブル処理に登場した例の「古林玉枝」ということにした。純子がヒト美に囁《ささや》く。

「古林さんが、あの土地は高う売れる、て言うんよ。だけん、いったん彼女がお父さんから土地を買うて、それを改めて売るげな。そうすれば、ずい分転売益が出るらしか。私が購入資金の二〇〇〇万円を立て替えて払っておいたけんね。それで四〇〇〇万円つくれれば恩の字たい。古林さんにも返済できる。これで終わりやけん、あんたも協力せんね」

そう言って、またしても金を騙《だま》しとろうとした。純子は、よほどこの土地がほしくてたまらなかったと見える。純子はなんとかして土地を手に入れるため、見ず知らずの探偵社に駆け込んでいる。福岡市にあるその探偵社で、こんな画策をしたという。

「平成十三年十月のことでした。あの吉田純子が唐突に、〝石井ヒト美という友だちに金を貸したけど、返ってこないので何とかしてほしい〟と相談に来たのです」

探偵社の社長が意外な話を打ち明けてくれた。

「〝石井ヒト美が旦那に暴力を振るわれたあげく、別れるための手切れ金を要求された。それで彼女に二〇〇〇万円を貸した〟と吉田は言うのです。〝その旦那が死んで、石井に保険金が入ってきた。なのに、今もって貸した金はいっさい返してこない。どうすればいいでしょうか〟ってね。本当に涙をこぼしながら話すので、ついつい信用してしまいました。しかし、その一方で、すぐに立ち直って、こうも言った。〝実は旦那を殺したんはあの女なんよ。だけん、ぜひとも金を取り返さないけん〟と」

貸した金を取り戻す方法として純子が探偵社の社長に提案したのが、土地の売買だ。純子は社長にこう言ったという。

「石井はいい土地をもっていて、そこが競売になっとると。それを転売すればかなりの金になるて思う。八〇〇万ばかりあれば、土地を競落できるので用立ててくれませんか」

探偵社はあくまで調査業務であり、融資はしない。むろん社長は純子の申し出を断ったが、代わりにこう提案した。

「金を貸しているというなら、裁判にしてはどうですか。それなら相談には乗れます。彼女の借金の内容はわかりますか」

純子は手回しよく、バッグのなかからヒト美の借用書を取りだした。もちろん偽造である。だが、そのなかには公正証書まであった。純子がそれらを広げて見せた。

「間違いなかでしょう。だけん、何としても金を取り返したかとです。裁判よか、あの土地を手に入れるほうが手っ取り早いて思うとです。そちらで資金を融通できないとおっしゃるなら、私の亭主名義の土地がありますけん、それを担保にして資金をつくってもらえんでしょうか」

そう言って、今度は夫浩次の実印と実家の権利書を広げる。

「でも、これはご主人のものでしょう。ご本人の了解がないと、借り入れはできませんよ」

探偵社の社長がそれも断る。だが、純子は食い下がった。

「そんなら、あんた。誰か旦那に成りすましてくれる人ば紹介してくれんね。とりあえず、実印と権利書があるとやけん、誰でも成りすませるでしょうが」

社長は呆気《あっけ》にとられた。だが、あまりの純子の押しの強さに、裁判を想定した調査依頼を引き受けることになる。

「そういうことなら、とりあえず裁判にして貸金の返済を求めるという前提で、石井さんの調査はしましょう。しかし、裁判が前提ですから弁護士や司法書士の手配もしなければなりません。けっこうかかりますよ」

「少しぐらいかかってもよか。貸した二〇〇〇万円の三割の六〇〇万円でどげんですか」

契約は十月から翌年二月までの五ヵ月間。通常の浮気調査程度なら、一〇万円から二〇万円の範囲でおさまることもあるが、弁護士費用なども含めて六〇〇万円で契約が成立した。純子は現金で二〇〇万円を先払いし、残りはあと払いという形をとった。

土地や家に対する吉田純子の執着心は尋常ではない。だが、単に土地を手に入れるだけなら、なにも石井ヒト美の調査を探偵社に頼むまでの必要はない。そこには別の理由もあった。

実はこのとき、吉田純子に最大の危機が迫っていたのである。

「言葉にできんくらいのショックでした。なんもかんもまさか、て。土地をとられそうになっとったなんてことも、知らんかったとです。それに久門さんのことまでとは……」

大川市に住む石井ヒト美の実母。涙ながらに話してくれたときの表情には、およそどんな慰めの言葉も無力と思えるほどの痛みが見て取れた。久門剛の殺害現場となった家にいまも暮らしている母親に、ヒト美がことの次第を打ち明けたのは、純子が探偵社を訪問する半年前のことである。

そのきっかけは純子の一言だった。何気なくヒト美にこう言った。

「ヒト美、あんたもいつまででん子供を家においとらんと、池上みたいに施設に入れたらどうね。そのほうが身軽でよかろうもん」

この一言が、事態を急変させる。

ヒト美の父親は、脳梗塞《こうそく》で倒れたまま、入院していた。その父親名義の土地が奪われそうになり、あげく子供たちとも引き離されようとしている。ヒト美は思い悩んだ。思いあまって母親に相談しようと、大川市の実家に向かったのである。

一連の事件が発覚する過程には、ひとりのキーマンがいた。この夏、福岡地裁の玄関先でヒト美の実母と並んで歩いていた人物。ヒト美の父親に代わって石井家の相談に乗ってきた伯父の船川善治である。ヒト美は、久門剛との別居問題でも船川を頼り、船川もよく面倒をみてきた。

いきなり娘から相談を持ちかけられた母親は挙措を失う。頼るのは船川しかいなかった。その判断は正しかった。ヒト美は伯父の勧めで、ついに久留米警察署の門をたたくのである。

この段階で彼女がどこまで警察に白状していたか、純子は知らない。だが、それを知ったときの純子にとっては間違いなく衝撃だった。

「飼い犬に手を嚙《か》まれたて、まさにこのことやんね、美由紀。石井にはいろいろしてやったとに、恩を忘れてから」

純子が美由紀にそう怒りをぶつけた。平成十三年の夏の盛り。ミサエ襲撃から一年あまりあとのことである。復讐《ふくしゅう》に燃えた吉田純子は、逆襲に転じた。

「なんとかせんばいかんたいね。池上を使おうかね」

純子は美由紀に指令を出した。

出頭

平成十五年七月の福岡地方裁判所。証言台には、石井ヒト美の姿があった。黒いTシャツにグレーのパンツ姿。髪の毛を後ろで束ねている。後方の長椅子《ながいす》には、吉田純子が腰かけていた。純子は暑さのせいか、汗で髪の毛が濡《ぬ》れている。白いTシャツの上からのびている首筋には、汗疹《あせも》とも発疹ともとれる赤い吹き出物が浮き出ていた。

「吉田さんはずっと親友だと思ってきました。看護学校時代に私が医療ミスをするとかばってくれ、問題にならずに済んだこともあります。ずっと信頼してきました」

鼻水をすすりあげながら話す、ヒト美のか細い声を純子がじっと聞き入っている。ときおり涙をぬぐうような仕草を見せていた。だが、ヒト美が警察に駆け込んだ際のことを証言しはじめると、純子の態度が一変した。

「自首しようと決心したころ、三通の脅迫状が届きました。あのころ何度も脅迫されました」

ヒト美のこの言葉を聞いた純子は、彼女を睨《にら》みつける。後ろからの刺すような視線を感じながら、それでもヒト美が証言を続けた。

「私の車はボディーの色がわからなくなるほど傷つけられ、タイヤも滅茶苦茶にされました。あのころは、もう何をされるかわからない恐怖で毎日おびえていました。子供たちだけには被害が及んではならない、そう思っていました。心配でたまりませんでした」

もっとも、石井ヒト美の行動には疑問が残る。そもそも、なぜ警察に駆け込んだのか。自首すれば、みずからの夫殺しもまたおのずと明るみに出るのである。いくら吉田純子の呪縛《じゅばく》から逃れたいといっても、おのれの身の破滅もまた確実になるのだ。

ヒト美が久留米署に出頭したのは平成十三年八月二日。彼女を連れていったのが、伯父の船川である。しかし、彼女は最初から警察ですべてを白状していたわけではない。当初は、伯父に対してさえ、みずからの夫殺しを伏せ、夫の浮気トラブルの処理をめぐって脅迫されている、とだけ告げていた。この夏、福岡地裁の前で会った船川にそのことを尋ねてみた。七〇歳をとうに過ぎているであろう船川は、矍鑠《かくしゃく》としてこう答えた。

「たしかに最初、あん子は古林ていう人から脅されとる、て言うばかりでした。なぜそんなに脅される理由があるんか、どう考えてもおかしか。だけん、はじめは警察のうて、興信所に古林のことを調べてもらおうて、しとったとです。でも、それではラチがあかん。何かほかにあるやろうて思うて、警察に連れていったとです」

ただ脅されているというだけで警察が納得するはずもない。そこが、彼女の甘さでもある。当然、久留米署の担当刑事は、脅迫理由について尋ねている。ヒト美の答えはこうだった。

「実は私の亡《な》くなった主人が、いろんな方に迷惑をかけとったとです。金を騙しとられて自殺した方までおられて。その遺族の方の代理人から慰謝料て言われて多額の金銭を請求されてきたとです。でも、あんまりひどかて思うて……」

例の「古林玉枝」の件だ。刑事でなくとも、いかにも怪しい話に聞こえる。

「それで誰に、いつ、いったい今までいくら渡してきたと？」

「実際にお金をわたした相手は、吉田純子さんていう友だちでした。彼女が仲介役になって、古林さんに払うてきたとです。主人の保険金やなんやかんやで、全部で七〇〇〇万円近うなるて思います」

そのためにヒト美は、夫の生命保険だけでは足りず、サラ金などから借りられるだけ借りた。その額は三〇〇〇万円以上にものぼる。

「何でそこまでせにゃいかんとね。あんた、何か弱みでも……。いや、旦那さんが騙したていう遺族とは会ったことがあるとね」

「そう言われたら、ありません。いつも古林さんていう代理人と吉田さんが打ち合わせていましたから」

すでに刑事は、この時点でピンときていた。だが、そんな疑いはおくびにも出さない。

「いっぺん、その吉田さんに、遺族は誰で、どこにおるか、聞いてみらんね」

むしろ、いかにもヒト美のことを心配しているふうに諭した。

ヒト美は、久方ぶりに触れる他人のやさしさに素直に反応する。あろうことか純子にことの経緯を説明し、遺族の所在を確認しようとした。それも世間知らずなヒト美自身の甘さのあらわれだが、警察に駆け込んだ事実を純子に知られてしまうことになったのはこのためだ。

一方、純子は焦《あせ》った。いきおい怒りの矛先が、ヒト美に向けられるのである。

「池上ちゃん、石井が警察にタレこんだとよ。そげなことされたら、破滅たい。何がなんでん、やめさせんとね」

純子が和子に指令を出す。

「井田さんもこのことは知っとる。井田さんからは、石井に謝罪させて、元どおりの関係にさせる必要がある、ていう指示ばい。石井に下手な動きばさせんごと、いい方法はなかかね。そうたい、文書をつくれんね。石井が書いた〝抹殺《まっさつ》誓約書〟もいっしょにつけて。いつでもお前を見張っとる、いう感じのやつがよか」

ことは池上和子にとっても、重大事である。さっそく、脅迫文の作成にとりかかった。

〈石井仁美様に申し上げます。貴女《あなた》が2年前、私共に提出されました誓約証2枚を併せて送信致します。誓約証を再度確認され、よくよくお考えの上、これから先の貴女の言動・行動をみさせて頂きます。尚《なお》、このFAXを確認後、引き続き現状況を続行されるのであれば、当方もこの誓約証をあらゆる方面へお知らせする事になります。重々、ご承知おきの上、慎重に行動されます様に！〉（冒頭陳述書より脅迫状を抜粋。原文のママ）

ここにある「誓約証」とは、ヒト美が夫殺しを承諾した際、実印つきでサインし、遺族の代理人「古林」に渡したとされる書面のことだ。純子たちははじめ、これらをヒト美の自宅へファックスで送信する予定だった。しかし、それでは効果が薄いと判断し、予定を変更した。

純子は、この脅迫状をより効果的に使おうとする。

石井ヒト美が久留米署へ出頭した三日後の八月五日。ヒト美はいつものように病院へ出勤した。昼間の勤務のため、いつものように朝早く病院の駐車場へ車をとめ、そのまま勤めについた。病院では日中勤務と夜間勤務がある。交代時間は午後五時半だ。警察で事情を聞かれ、緊張しっぱなしだったヒト美にとって、看護婦としての忙しい仕事はむしろ気が紛れた。少なくとも、患者と接しているあいだは、純子たちのことも忘れられたからだ。

五時半になり、病院から駐車場へ向かった。ドアをあけ、シートベルトをしめて顔をあげて、何気なく前方を見た。フロントガラスのワイパーに白い紙が挟まっている。悪い予感がした。車から出て、その紙を手にとって読んだ。予感は的中した。「古林」こと純子からの脅迫状である。そこには、かつて夫殺しのときに書いた自分自身の「抹殺誓約証」のコピーまで添付されてある。忌《い》まわしい記憶がまざまざと蘇《よみがえ》ってくる。

純子が久門剛の顔面を蹴《け》りあげたあと、ヒト美のほうを振り返って言った純子の言葉――。

「あんたも蹴らんね」

あのときの声と不敵に笑った純子の表情が脳裏をよぎる。ヒト美は膝《ひざ》が震えだした。立ってさえいられなくなる。夢中で車に乗り込んでエンジンをかけ、その場を立ち去った。

ここまでは純子たちの狙《ねら》いどおりだった。ところが、その計算も時を経ずに狂い始める。脅迫状はヒト美に詫《わ》びを入れさせ、再び自分の手元へ彼女を取り戻すことが狙いだった。文書には、戻ってこいという具体的な言葉はない。それは言わずもがなである。しかし、ヒト美自身は、純子のその狙いに気づかないほど、パニックに陥っていた。それが吉田純子にとって計算外だったのである。事態は思わぬ方向へと展開する。

石井ヒト美は、もはや再び吉田純子の顔を見ることすら怖かったに違いない。むしろ「古林」やその背後関係より、実際に目のあたりにしてきた純子の残虐《ざんぎゃく》さが頭から離れない。とてもひとりで純子たちのいるマンションへ帰る勇気はなかった。となると、頼れるのは実家の母親、それに相談に乗ってくれた伯父の船川しかいない。ヒト美はそのまま伯父の元へ向かった。

伯父の対応は迅速だった。その日のうちにヒト美を同行し久留米署へ駆け込んだ。運悪く、担当刑事は不在だったので伯父が事情を説明し、呼び出してもらう。二人は深夜の狭い警察署の待合室で、じっと刑事の帰りを待った。

伯父が腕時計を見ると、時計の針は翌八月六日の午前零時をまわっている。薄暗い警察署の廊下にようやく、ハンカチで汗をふきながら中年男が彼女たちの前にあらわれた。

「すっかりお待たせしましたな」

ヒト美は刑事にみずからの夫殺しを初めて告白した。意外にも、刑事はそれほど驚いたふうでもない。淡々とその事実をメモに書きとめた。そこから本格的に捜査が動きだすのである。

一方、吉田純子はまさか事態がそんなことになっていようとは、予想もしていない。いつものように、高級マンションの最上階でくつろいでいた。そこへ池上和子から電話が入る。

「吉田様、石井さんがマンションから荷物を運びだして行きました」

ヒト美が警察署に駆け込んだ明くる六日の朝のことである。

ヒト美は完全に純子と縁を切る決心を固めていた。そこまで決断させたのは、伯父の力である。警察署から戻った伯父の船川は、その日の朝から行動を開始した。ヒト美を連れ、「ムーンパレスⅡ」に置いてある必要な荷物を運び出した。さらに、その足で三人の息子たちの転校手続きまで済ませている。そうでもしなければ、いつまた姪《めい》が凶悪犯に連れ戻されるか不安だったのである。

しかし、警察の動きに気づいていない純子は、なおも、ヒト美を脅すつもりで二通目の脅迫状を和子に準備させた。

〈今から貴女の周囲の家族、親類の行動・言動をじっくりみさせて頂きます。私共としましても、今後の方針を検討したいと考えています。尚、貴女の周囲の家族・親類に不審な動きがみられた際には、私共はすみやかに貴女が書いた抹殺誓約証を警察へ持参する事をくれぐれもお忘れにならないで下さい。その様な状況を貴女自身が作られない様、くれぐれも慎重に行動されます様に!! 今日現在、私共の手元にある抹殺誓約証のコピーは、いつでも関係各位にお知らせする準備ができています〉(同前)

今度は、マンションの駐車場にとめたままになっていたヒト美の車のワイパーに挟んだ。おまけに、車のボディー全体をドライバーで無茶苦茶に傷つけ、タイヤ四本すべてパンクさせた。だが、それらも伯父の指示どおり、ヒト美がすぐに警察に届けている。

これだけ脅しても、ヒト美からの反応はない。純子は焦った。ヒト美の携帯電話に連絡しても、常に着信を拒否され、いっこうにつながらない。業を煮やした純子は、ヒト美に尾行をつけることを思いつく。それが先に触れた、福岡市内の探偵社を訪ねたもう一つの理由である。

表向き純子は、ヒト美の父親名義の土地売買という名目を装《よそお》い、ヒト美を探偵に尾行させた。それも一社だけではなく、便利屋などにも頼んだ。彼女がヒト美の素行調査に使った費用は、福岡市内の探偵社に対する六〇〇万円のほか、周辺の調査依頼費をすべて合わせると、一二〇〇万円にものぼっている。生来、金銭欲の固まりのような純子がこれだけの費用をかけたのだから、その焦りの度合いは並大抵ではない。

おかげで、事件摘発当時、探偵社も犯行への関与を疑われた。

「往生しました。彼女の家宅捜索でうちとの契約書類が見つかって、事情を聞かれたのです」

そう述懐するのは、先の福岡市内の探偵社社長だ。

「警察からは請け負い金額が高すぎるのではないか、とも疑われました。しかし、弁護士や司法書士の費用などを換算すると、六〇〇万円という契約は決して相場から並外れて高いわけじゃない。しかも、彼女からは前払いの二〇〇万円を受けとったあと、音沙汰《おとさた》なし。警察にはそうした事情を説明して納得してもらいました」

石井ヒト美が警察に自白して以来、福岡県警の捜査は、水面下で進められてきた。そのため、しばらくは純子たちが警察に呼び出されることもなかった。純子自身も、いつしかヒト美や警察のことを忘れていく。表面上は、四人組がひとり減り、三人組になっただけのことのように見えた。だが、捜査の手は確実にその包囲網をせばめ、吉田純子をはじめとする白衣の四人組に迫りつつあったのである。

「あれは四月十七日でしたか。変わった様子は全然なかったとです。その日の朝八時半ごろやったでしょうか。純子が九〇三号室から電話をかけてきて、〝今日、朝ご飯どうするとね〟と聞いとったぐらいですけんね」

純子の実母、瑞江が、マンションのリビングルームで事件の摘発当時を振り返った。福岡県警が吉田純子を逮捕したのは、平成十四年四月十七日のことである。警察発表も、報道もいっさいおこなわれていない、極秘検挙だった。

「純子と話したのは、それが最後でした。いつもと変わらん食事の話ですたい。それで、午後二時か三時ごろになって、ここの五〇六号室のベランダから向こうの新しいマンションのほうを眺めていると、入り口に車がとまって、男の人が七、八人、ドカドカと入っていくのが見えたとです」

この時点での純子の逮捕容疑は、かつての同僚看護婦に対する五〇〇〇万円の詐欺《さぎ》罪。白衣の四人組による連続保険金殺人と報じられ、話題になった十日以上も前のことだった。

「なにごとかいな、て他人事《ひとごと》みたいに思うとったとです。そしたら、今度はうちに刑事さんがやって来た。いきなり〃純子さんを逮捕しました〃て言う。〃家宅捜索しますから〃と言うてから、家のなかを滅茶苦茶に荒らすとです。トイレにまで入り込んだ。便器のなかまで見てから、なんかあれ以来、トイレが臭うてしょんなか」

むろん、純子の夫、浩次にとっても、まったく寝耳に水のことだった。

「自衛隊の久留米基地で働いとる最中でした。びっくりした、ちいうもんやなかです。いきなり警察から携帯電話に連絡が入って、〃これから三ヵ所を家宅捜索する〃ち言うと。何のことかサッパリわからんやろ、こっちは。家宅捜索はマンションの九〇三号室と五〇六号室、それに俺の住んどる善導寺の家も入っとった。帰るまでちょっと待ってくれ、てお願いしたとやけど、無理て言われました」

同じ日、堤美由紀と池上和子も逮捕された。美由紀の逮捕容疑は、純子と同じく元同僚看護婦への詐欺だが、和子は石井ヒト美に対する脅迫容疑。ヒト美はその直前の四月十三日に自殺未遂を起こし、やや遅れて二十一日に夫殺しの容疑で逮捕された。そこから、事件は一気に火がつき、彼女らの残虐な手口が次々と明るみに出ていったのである。

四人組は福岡県警の捜査本部に身柄を拘束された。その後、福岡拘置所へ移送された段階にいたり、ようやくそれぞれが、自分の立たされている状況を見つめることができるようになる。
八月の初公判後、接見禁止が解除された石井ヒト美が、家族に宛《あ》てて書いた手紙が手元にある。わずか三畳の拘置所の部屋でつづったものだ。その何通かの書簡の一部を抜粋する。
〈前略
ばあちゃん、肇、貞、祐樹、毎日頑張っていると聞き、大変嬉《うれ》しかったです。
ばあちゃんも毎日、子供の面倒で、疲れて体重もずい分減ったと聞きました。無理せず、きつい時は、子供達に手伝ってもらって下さい。長生きして下さい。本当にごめんなさい。私が弱かったばかりに、みんなに迷惑ばかりおかけして本当に申し訳ありません〉
こうした書き出しではじまる。
そこから、息子ひとりひとりの顔の特徴を簡単な図柄で記し、それぞれに言葉をかけている。たとえば俳優の西田敏行似の長男の肇に対しては、漫画「釣りバカ日誌」の主人公の絵を描き、〈お兄ちゃんはもっとハンサムです〉とした上で、こうメッセージを送っている。

〈肇くん　19才おめでとうございます。バイト、頑張って行っていると聞き、嬉しかった。お兄ちゃん、ばあちゃんや弟たちのこと、優しく面倒をみてくれて、ありがとう

大変だと思いますが、しばらくよろしくお願いします。（炭酸ジュース、カップラーメンばかり、だめよ。手汗がでるよ）〉

平成十四年当時、四四歳のヒト美は、ごく普通の母親だった。それ相応の年齢の息子たちもいる。手紙に書かれている文字からは、ことのほかその子供たちへの愛情の深さがにじみ出ている。さらに、次男に宛てたメッセージがつづく。

〈貞くん　16才おめでとうございます。

学校に行っていると聞き、嬉しかったです。

バイトもいってるんですね。お兄ちゃんになったね。○○坊と呼んでいたのが、ウソの様です。みんな、仲良く、生活して下さい。貞くんも強くなったね〉

末っ子の祐樹に対しては、こう書いている。

〈祐樹君は、強いね。

サッカー頑張ってるそうですね。偉いね。祐樹くん、一番下で、色々と大変だと思うけど、ごめんなさいね。許してね……。

お母さんも、強くならないといけないね〉

石井ヒト美は、四人組のなかで精神的に最も脆《もろ》い。その反面、事件では虫の息の夫の顔面を蹴りあげるような凶暴性も見せてきた。事件当時は、自分自身でも、そこまでやったことが信じられなかったのではなかろうか。

「あの日、久門さんは久しぶりにこの家に来たとです。〝お義母さん、お酒ばうまかったぁー〟て呑気《のんき》に言いよんなさるけん、〝息子もまだまだ学校にやらせんばいけんとに、あんたもちゃんとせんばいけんよ〟て説教したとこやったとです。娘と別居中でしたけん、敢《あ》えてそう厳しゅう言ったとですけど、今になって思い出します。亡《な》くなったんは、そん次の日でした。いま思うと、ああ言うたんは虫の知らせだったんかいな、ていう気もします。あん子たちはとんでもなかことばしでかしてから」

大川市で子供たちと暮らすヒト美の実母が、涙を浮かべながら語った。

「でも、うちの娘はあの女に騙《だま》されていたて思います。私自身も、昔は〝純子ちゃん、純子ちゃん〟て呼んでから、てっきりいい子だと思っていました。あの年の春、娘から〝純子に脅迫されている〟と聞かされるまでは。あの子の親友てばかり思ってきたとです。吉田純子にさえ出あわなんだら、こげんことにはなっとらんです」

平成十六年八月九日に開かれた石井ヒト美の判決公判には、彼女の息子二人と母親、それに伯父の船川が付き添って傍聴していた。息子たちは終始うつむき加減だったが、ときおり心配そうに母親のほうに視線を送っていた。だが、ヒト美は、ついにただの一度も息子たちと目を合わすことがなかった。その公判の帰り際、伯父の船川はぽつりとつぶやいた。

「こげんことなら、警察に連れていかんけりゃあよかった、て後悔することもあるとです。そうすりゃあ、ヒト美はあのまま吉田に殺されとったかもしれんけど、そのほうがましやなかったんか、とも思うとです」

性格的には、この石井ヒト美と対極にあるのが吉田純子に違いない。普通の主婦とはいわないまでも、彼女もまた、それほど特殊な人生を歩んできた女ではない。貧乏ではあったが、いわばどこにでもいるわがままで、見えっ張りの女の典型ともいえる。

しかし、こと一連の犯行を見るかぎり、このうえない残虐な殺人鬼としか言いようがない。並外れた虚栄心と金銭欲、極端な虚言癖を見せつけてきた吉田純子。悪女は周囲の弱さを食い物にして、肥え太ってきた。この女を残酷で冷徹な現代社会の怪物に成長させたのは、実は彼女の周囲の弱さにこそその要因があるのかもしれない。

第八章　塀のなかの指令

〈前略

先日から、お手紙更には過分な差入れまで頂き、大変恐縮して居《お》ります。本当にありがとう存じました。

既に、娘からお聞き及びかとは存じますが、実は私、今回の件に関しまして、非常に思い悩んでいること……がありまして……そのような訳もあり、是非、ご尽力を賜りたい……と大変、ぶしつけなことだとは、縷々《るる》、承知の上で切に、お願い致している次第……です。

只《ただ》、先日、私〔へ〕のお手紙の中にも書いていらした様に、その弁護士の先生にとっては、とても実績につながる……それこそ大功名な弁護に成ることは、間違いないと断言できます。私は、今の弁護士のおひとりの先生について……とても不信感を抱いて居ります。理由はたくさんありすぎてひと口では、とても語れない……傷心に至っています。〔中略〕

私は、本当のところ……お話してないことも多々あって……だから……もし、私の弁護を……と心から思って下さる先生がどなたか……いらっしゃるのであれば……是非、御尽力（お口添え）頂きたいとお願いしているのです。

不透明な部分……謎（ナゾ……）の部分、全《すべ》てその先生にお話したいと思っています。

私が、何故《なぜ》、これ迄《まで》〝言わぬが……花〟状態でいたか……その点についても〈中略〉お話できるのでは……ないかとも考えます。

いかがでしょう？　どうかどうか何卒《なにとぞ》私の気持ちを……願いをお汲《く》み取り頂けませんでしょうか――。

伏してお願い申し上げます。

かしこ〉

吉田純子が、福岡拘置所のなかで書き記した手紙である。初公判を目前にひかえた平成十四年八月二十日付。「新潮45」編集部から取材の申し込みを兼ねて送った書簡に対する返信だ。

手紙は手元にあるものの一部だが、どれもあの風貌《ふうぼう》からは想像もつかない柔らかいペンタッチで書かれている。言葉づかいには丁寧な印象すら受ける。しかも気配りも忘れていない。

なにより、大事件の初公判を前にした動揺もなければ、焦《あせ》りも感じられないのである。

純子の逮捕からおよそ四ヵ月後の八月二十七日、その初公判が開かれた。当日の福岡地方裁判所には、吉田純子、堤美由紀、池上和子、石井ヒト美の四人がそろった。地裁の一階には、同行室と呼ばれる被告人専用の待合室があり、それぞれ別々の部屋で出廷を待っていた。

堤美由紀は、同行室で何度も深呼吸をしていた。むろん法廷の場に臨む緊張感をほぐすためもある。が、それより四ヵ月ぶりの純子との対面を想像すると、不安が募ってくる。それをまぎらすため、深く息を吸い込んで鼓動が早まるのを抑えていた。

間もなく刑務官に付き添われ、四人が別々にエレベーターで三階まで連れていかれる。三階に到着し、ドアが開くと、廊下にはすでに純子の姿があった。美由紀は思わずどきりとし、一瞬立ち止まった。

開廷――。純子が先頭に立ち、刑務官に先導される。和子とヒト美が刑務官にうながされてうしろに続いた。美由紀もあわてて純子と和子のあいだに割り込んだ。四人は決められた順番どおり法廷に入った。

初公判前半の人定質問、続く罪状認否に入る。すると、純子が突如泣き出した。声こそあげないまでも、ときおり涙をぬぐい、鼻水をすすりあげる。

「こんなときまで演技をするつもりなんやろうか。まだ人を騙《だま》すつもりなのか」

美由紀はそう考えた。それが演技なのはみながわかっている。その様子を見ていると、自分自身が不思議と冷静になっていくのを感じたという。

純子も、初公判のあいだ中泣いていたわけではない。途中からは泣くそぶりも見せず、法廷内で弁護士と打ち合わせする姿まで見せた。そうして閉廷――。

退廷した四人組は、今度は同じ部屋に集められた。その同行室で純子は、いきなり大きな嗚咽《おえつ》をあげはじめた。ヒト美や和子もそれに反応して泣きじゃくる。美由紀は耳を覆《おお》い、三人の泣き声に耐えた。

純子はひとり、裁判所から拘置所へ向かうマイクロバスのなかでも泣きつづけた。他の三人にとっては、却ってそれが恐ろしかった。

バスが拘置所に到着した。四人が別れ、それぞれの部屋に連れられていく。純子はそのあいだ、ずっと泣きつづけていた。むろん、そこには彼女なりの計算がある。それは、のちに予想外の形であらわれた。

〝召使い〟に届けられた手紙

〈おばあさま（注＝母親のこと）も今、ほんとのところ大変、きついでしょう？　何より、吉田（注＝夫の浩次のこと）氏に気を使って……。私としては、離婚してくれても良かったんだけど……。結局、離婚できないでしょう？　吉田は。1人では、ホント何も出来ない人で――。

おばあさまもそのことは縷々わかってると思うけど……。これ迄、取調べを受ける中、担当の刑事さんはじめ検事、はた又、先生（注＝担当弁護士）方から、皆さんまるで口を揃《そろ》えるかの様にそれぞれ言われてきたのが、〝何で結婚したと？〟〝お前程の人間なら、もっと素晴らしい人と結婚できたろ～もん〟〝どうして、離婚しなかったんですか？〟の言葉ばかり……でした。刑事さん、検事、そして先生も吉田氏のことを見て……そう思われたのだと思います〉

初公判から一ヵ月ほど前の八月三日付。吉田純子が長女に宛《あ》てた手紙である。そこには、夫、吉田浩次に対する詫《わ》びの一言すらない。また、「新潮45」編集部に届いた二通目の手紙では、こうもつづられている。

〈私の表現が足りず、私の気持ちが余り伝わっておらず……失礼致しました――。

〔中略〕

只、誤解なきよう申し上げますが……。私は、決してこれ迄〝黙秘〟など通して来た訳ではありません。むしろ、徐々にではありましたが、捜査（現場検証）や刑事・検事さん方達に対し、とても好意的にこれ迄、協力して参りました。その甲斐あってか……刑事さん、又、検事さん方から最后《さいご》は、互いに……友好的に、流涙の中、調書を終了しました。

〔中略〕もちろん、被害者への謝罪……反省の気持ちも当然あります。只、それでも……取り調べの中で……話せなかった……話してないことがある……という〝真実〟があることも事実なんです。

私は、刑事・検事調書の中で度々……号泣しながら……〝極刑〟を言い続けてきました――。〝私一人で責任をとる……〟〝私は極刑をもって……謝罪したい……〟など……。その度、刑事さん、検事さん方は、もらい泣きして下さっていました。

しかし……〝真実〟……については、別問題……。冷静に、今一度考え、お話すべき……という思いがあります。〔中略〕

何卒……御力添え……重ねてお願い申し上げます〉

むろん、純子は極刑を覚悟していたわけではない。それどころか、初公判後に拘置所からの保釈許可を狙《ねら》っていたのである。「新潮45」編集部宛の手紙にある〈御力添え……重ねてお願い申し上げます〉とは、保釈申請のために優秀な弁護士を紹介してほしい、という趣旨だ。報道機関にそんなことを依頼すること自体、どうかしているが、この強引なやり方が彼女の真骨頂ともいえる。さらに、この手紙は、〈付記〉として、こう続いている。

〈実のところ、正直申し上げて保釈に関する〝認定するべき事実〟というものが裁判所へ必要だとは思いませんでした。ごめんなさいね！　只、久留米署へ在監していた時に、一度、当番弁護士制度を利用したことがあり、その時、接見して頂いた弁護士（元・検事）の方から教えて頂いて……。それは〝とにかく、保釈を希望したいのであれば……初公判で全てを認めなさい〟……と。そして、それから先は弁護士の仕事……だと!!　保釈認可の認定の為にありとあらゆる作戦を考え、書類を作成する……腕の良い弁護士は、そうやって依頼人を弁護するのが役目と!!　その助言が、あったからこそ、私は初公判まで……とにかく頑張ろう……という気持ちできたんです。そして、その後、前にも記している通り、現在の弁護士の方への不信感へと続き……とうとう何も語れないまま……ここ迄きてしまった……ということです〉

純子は、保釈狙いの計画についても、頭のなかで構想を描いていた。次のようなものだ。

〈ですから、表だって説得力のある申請理由というのは、そうですねぇ……2点しか思い当たりません。
1．病気……勾留《こうりゅう》生活の中で〝糖尿病〟ということがわかり現在、こちらで食事療法を受けています。〔中略〕だから、病院で……徹底的な検査を受けたい気持ちです。
2．自身が、家族の為に何故戻らなければ……？　既に……御存知のことかもしれませんが、配偶者とは現在別居状態であり、実母も持病（狭心症）の為、そうそう娘達を面倒みてもらえる状況ではない……という事……です。実母は、いつ、持病で倒れてもおかしくない状況なのです。又、二女、とりわけ三女が父親との確執が強く……このままだと心身症になるのでは……とも心配しています。（もちろん経済的な心配もあります。）
以上、大変、説得力に欠ける内容かもしれませんが〉（同書簡）
場あたり的とも呼びうる犯行をくり返した純子自身、それほど用意周到なほうではないが、さすがに報道機関に宛てた手紙だけに言葉を多少選んではいる。しかし、それが身内宛てのものになると調子がうって変わり、かなり図々しくなる。再び先の長女宛ての書簡を紹介する。

〈先日、おばあさま宛に出しましたお便りの内容について理解して頂けましたでしょうか――???〔中略〕何はともあれ私が〝保釈〟後の話なんですよ……。先日の手紙にも書いていたように……まずは出版社を相手に……勝負に出てほしい……ということをおばあさまはじめお頼みしてる訳です。〔中略〕

私の病気のことも含め〝時間がない……〟という理由でもいいじゃないですか?もしかしたら……すごく頭のきれる優秀な弁護士さんを紹介して頂けるかもしれないし……私の話題性を出版社が高く評価してくれたなら、その保釈・保釈金さえも一時立て替えてくれるかもしれないじゃないですか――。だから、ものは相談で……『成せば成る……何ごとも』……精神で、皆んなで力を併せて……頑張ってほしいのです〉

当然、初公判後の保釈は却下された。すると今度は、驚くべき行動にでる。

白衣の四人組の初公判が開かれた平成十四年八月二十七日から、ちょうど四ヵ月が過ぎた十二月。いよいよ年の瀬も押し迫った二十六日のことである。

「食事ですよ」

拘置所のなかでは、いつものように配膳係から朝食が配られた。石井ヒト美が部屋の食器口をあけ、それをとろうと手を伸ばす。見ると、配膳係の女性の様子がいつもと違う。周囲をうかがいながら妙にそわそわしている。そして、小声で囁《ささや》いた。

「これっ」

手に持った紙切れを渡そうとする。こう続けた。

「吉田さんが頑張ろうて、言うてます。これはその手紙ですけど、渡していいですか」

丁寧に小さく折りたたんだ吉田純子からの手紙。ヒト美はどきりとする。

「いいですけど」

とっさにそれを受けとってしまった。

驚くべきことに純子は塀のなかにあってなお、かつての〝召使い〟たちに接触を図っている。ヒト美に届けられた手紙は、実に全部で五通。翌平成十五年一月十四日まで続いた。

その事実が、翌年二月十九日の福岡地裁で検察側により暴《あば》かれたのである。午後一時二十分から開かれた吉田純子の公判に、石井ヒト美が証人として出廷した。その後半――。唐突に検事が透明のビニール袋に入った紙切れを彼女に示しながら、こう質問した。

「これ、見覚えありますよね」

おそらく、検事とはあらかじめ打ち合わせ済みだったのだろう。証人のヒト美はそれほど驚いたふうでもない。

「あなたの部屋の汚物口に捨てられていたものですよね。これは、いったい何ですか」

「拘置所のなかで、吉田さんから届いた手紙です」

傍聴席がざわめいた。ヒト美は純子からの手紙を受けとり、読んだあとに部屋にある汚物口へ捨てていたのである。

汚物口は生理のある女性の被告人を勾留する部屋には必ずある。どういうわけか、検察側はそこに捨てられていたものを押収していたのだ。

まさに塀のなかから届いた純子の指令。吉田純子は、拘置所のなかでも、かつての〝召使い〟たちをコントロールし、事件を隠蔽《いんぺい》しようとしていたのである。

「どんな内容でしたか」

検事にそう尋ねられたヒト美が、観念したようにうなずいた。そして、法廷でその手紙の内容を打ち明けたのである。

〈私が、そぎゃんあんたを苦しめたんやね。そうとも知らんと、私は……。でも、いっしょに温泉に行ったり、旅行に行ったりしたかったね。いっしょに暮らしたかった〉

純子からヒト美に届いた手紙の一通目は、こんな書き出しだったという。

〈実は、私はここで糖尿病が悪化しました。両足を切断せんといけんかもしれん。このままなら、あと四〜五年の命だと医者から宣告されました。それで久留米署では自殺も考えたけど、できんかった〉

その後、殺害されたヒト美の夫の件にも触れている。

〈あんたのご主人は私や美由紀のことをストーカーのようにつけまわしとったとよ。自衛隊にまで電話して、主人に私と離婚するように迫っとった〉

さすがに、ヒト美もそう簡単に騙されはしなかったが、心は揺らいだ。

〈今さらそんなことを書いてきても信用できません。もちろん主人のことも〉

そう返事を書いて配膳係の女性に託した。すると、その四日後に二通目の手紙が届く。十二月三十日のことだ。純子の手紙は次第にその語り口が変化してくる。

〈あんたが、私を信じようと信じまいと勝手やけど、久門さんは死んで当然。あれでよかったとよ。あんままやったら、あんたの子供三人が久門さんを殺すところやった

とよ〉

　これまで純子がヒト美に吹き込んできた「久門剛によるヒト美や子供たちの殺害計画」と逆のことまで言い出す始末。ただし、やさしい言葉を付け加えることも忘れていない。

〈もし、あんたが死ぬなら、私も死ぬ。あんたが生きるんやったら、私も生きる〉

　ヒト美は揺れた。また律儀に返信した。それも、彼女の動揺のあらわれかもしれない。

〈私は死ぬことは考えられない。拘置所の先生にも約束してあるから〉

　すると、すかさず三通目の手紙が来た。年が明けたばかりの一月三日のことだ。だんだん内容が図々しくなる。そしてついに保釈の件まで持ち出すのだ。

〈保釈でここから出してほしい。そのためにはあんたの協力が必要なんよ。私には原稿依頼の話も出版社から来とる。それで、印税が入るから、あんたの親戚《しんせき》に迷惑をかけた分を返せるやんね。このままやったらどっちみち死刑になるとやけんね〉

　しかし、ここからヒト美の返信は途絶えた。焦《あせ》った純子による一月六日付の四通目——。

〈とにかく、あんたの返事が必要なんよ。夕方のカラアゲ（注＝空の食器を回収すること〉までに必要。証人出廷にはもう出るな。検事の取調べがあっても、〝話すことは何もありません〟と言え。〝気分が悪いから部屋に戻っていいですか〟と〉

純子の苛《いら》だちは明らかだ。そこから一連の事件における関与を否定するよう、具体的な指図までしている。

〈〝平田事件、久門事件では、吉田さんはいずれも無罪。堤ミサエ事件も、友達をかばっただけ〟と言うように。平田事件では、あんたと私がいっしょに酒を飲んでいたので、現場にはいなかったことにしろ。久門事件では、私は離婚の仲介に入っていただけで、現場には来ていない、当日、私はあんたの家には行っていないことにするように〉

あげく、またもや架空の人物をでっちあげようとまでしているのだ。

〈これまでの証言は勘違いだった、と言うこと。ミサエの件で吉田さんに電話したか、と聞かれても、そんなことはなかった、と答えるように。それから、岡部という名前を覚えておくように。身長は一七〇センチくらいだから、それも覚えておくこと！〉

そうして、純子はヒト美に対し、彼女の弁護士へ手紙を書くよう指示した。

〈前略　私はこれまで証言してきたことを撤回します……、という書き出しではじめるように〉

手紙にはこうもあった。

〈石井、私が無実になれば大スクープ。売れたらあんたの面倒も見るけん、休養のつもりで刑務所へ行って来んね。ここでひと芝居もふた芝居もしてから……〉

五通の手紙の末尾には、決まってローマ字で〈ＪＵＮＫＯ〉と記されていた。

ヒト美はこれらの手紙のことを誰にも話さず、しばらく隠しもっていた。それだけ迷いがあったのかもしれない。しかし、それも断ち切った。一月十六日にそれらの手紙をすべて部屋の汚物口に捨てたあと、最後に短い返事を書いた。

〈ここまできてバカにするな。もっと反省しろ、もっと苦しめ〉

もっとも、拘置所内のやりとりは公判でも語られていない余談がある。石井ヒト美は、この手紙の一件を検事には告げていなかった。すると、なぜ手紙の件が発覚したのか。

実は、手紙がヒト美の部屋の汚物口から発見されたきっかけは堤美由紀の告白によるものだった。ヒト美に返信を拒否された純子は、美由紀にも手紙を届けようと画策した。日付は一月十四日。しかも、今度はもっと手がこんでいる。

〈堤美由紀さま　私は、あなたが博多臨港署に拘置されていた折、接見しようとして

拒否された宮崎・田中両人の代わりにこの手紙を書いています〉

という文面ではじまる。宮崎と田中とは、例の「先生」の側近のこと。つまり、「先生」からの使者が書いた手紙に見せかけているのだ。要所要所に目立つように赤や青のアンダーラインが入っていた。

〈純子さんは自分一人で罪を被《かぶ》り、極刑も辞さない覚悟のようです。そして本当は自殺したいところですが、次女のエリの高校受験をひかえ、いらぬ心配をさせず、受験に打ち込めるように、一人で耐えているのです。〔中略〕純子さんはあなたの調書を読みましたが、あなたが本当にあんなことを話したとは考えられない、と言ってショックを受けています。石井さんは調書で何度も純子さんはいい人だと言っています〉

美由紀宛《あて》の手紙は、さらにこう続く。

〈純子さんは、決してあなたのお母さんを殺害しようなどしておりません。この手紙を読んだ上で、今あなたが純子さんをどう思っているのか、もう忘れたいと思っているのか、そうでないのか、ということを手のひらサイズの紙に書いて朝食の配膳の時に渡して下さい〉

結局、この手紙は美由紀のもとへは届いていない。それは次のような理由による。

手紙の日付の一月十四日より少し前、堤美由紀は、石井ヒト美と同様、配膳係の女性から、突然こう声をかけられた。

「頑張って、と吉田純子さんが言っておられますよ。手紙を預かっていますから」

美由紀にとっては、背筋が凍りつくような恐怖だったに違いない。ひょっとすると、この配膳係は「先生」のことを警察に話した美由紀を殺すため、拘置所に送りこまれた刺客ではないか。ひとり、部屋でそんなことまで考え、思い悩んだ。

美由紀は、担当の弁護士にそのことを打ち明けた。そうして弁護士が事実を検事に伝え、拘置所の家宅捜索がはじまったのである。家宅捜索は、ちょうど美由紀宛の手紙の日付と同じ一月十四日。そのため、手紙は美由紀の手元に届く前に押収されたのである。

この堤美由紀宛の手紙を書いた人物。実は、ヒト美に手紙を届けていた配膳係の女性である。純子は、拘置所のなかの配膳係まで自由に操っていたのだ。

通常、拘置所内の配膳係は、服役囚が務めるケースが多い。懲役などの刑期を終える間近の人物や仮釈放の近い模範囚に、社会復帰させる準備として、拘置所で働かせるわけだ。たいていの場合は大過なく配膳係を務めあげて釈放されるのだが、問題を起こせばむろん刑務所へ逆戻り。この女性はいわば純子の証拠隠滅工作に手を貸したことになり、実際、一月二十日から配膳係の職を解かれている。純子のためにこんなリスクを犯してまで、なぜ手紙の運び役を果たしたのだろうか。

言うまでもなく、二人が知り合ったのは、少なくとも純子が起訴されたあと。わずか半年ほどしか経《た》っていない。それも配膳のときにドアを挟んで一声かけるだけの付き合いだ。そんな短時間で希薄な関係にもかかわらず、純子は手紙の運び役に仕立て、さらに自分のメッセージを代筆させている。それほど、彼女を手なずけたことになるのだ。

それは、配膳係の女性が純子に心酔するようになった証左、ともいえる。そこには純子独特の嗅覚《きゆうかく》が働いたと見るほかない。

白衣四人組の業苦

吉田純子には、人間の弱みを瞬時に嗅《か》ぎわける才能がある。いったん相手の弱みを発見すると、そこを徹底的に責める。そうすれば誰しも脆《もろ》い。これまでの人生でそれを実感してきた。

純子に操られてきた三人の元看護婦たち。彼女たちは、それぞれの悩みを純子に見破られた。

結果、純子の思うがままになった。しかし、彼女たちが、純子の単純な嘘《うそ》や突飛な空想を本当に信じていたかどうかは甚だ疑わしい。むしろ、嘘を明らかにすることが怖かっただけではないか。純子に対する疑念を封じ込めないと、純子から自分自身の弱みを徹底的につかれる。その恐怖が先に立つ。そうして、吉田純子という悪女と一体化していった。


〈門前のおじさんに迷惑ばかりおかけして、本当に申し訳ないと思っています。よろしくお伝え下さい。

どうして、こんなに馬鹿だったのか。つくづく思います。ばあちゃん、（12月4日）70才ですね。まだ先ですが、お祝いしてやれないと思うけど、みんなの誕生日は、しっかり覚えています。80～90才まで長生きしてネ！

ばあちゃん、子供のこと大変だと思いますが、無理せずよろしくお願いします。

いつも、みんなの事、考えています〉

平成十四年の夏、石井ヒト美から実母に宛てて書かれた手紙である。また、三人の息子に宛てた別の手紙には、こうある。

〈肇君　暑い中、バイト大変でしょう。熱射病に気をつけて下さい。いつもありがと

う。お兄ちゃん
貞君　バイト頑張ってる。貞君も成長したね。バイト姿、みてみたいです。○○高、甲子園に行けてよかったですね。
祐樹君　サッカー頑張ってる。無理しないでね。昨年の様にケガしたら大変です。
8／7手紙読みました。とても嬉《うれ》しかった。ありがとう
ばあちゃんの事、よろしくお願いします〉
それから二年後、この八月から九月にかけ、白衣の四人組に対する一審判決が下された。最初は八月二日の堤美由紀。検察側の論告求刑は死刑だったが、結果は無期懲役。その一週間後の九日、石井ヒト美に下されたのは懲役一七年だった。これも検察側が無期懲役を求刑しており、予想外の軽さといえる。
この間、福岡拘置所にいる堤美由紀と会うことができた。四畳半ほどの狭い接見室で対面した彼女は、投げかけた言葉にもほとんど反応しない。まさしく、抜け殻のように呆然《ぼうぜん》とし、ただひたすらうなずくばかりだ。
その堤美由紀の獄中書簡には、こうも書かれている。
〈私は吉田さんにだけ責任を押しつけようなどとは毛頭思っていません。殺人に加担してしまったことは誰の責任でもなく、私自身の責任であるとはっきり認識しており

ます。果たして私は本当に生きて罪を償っていく資格があるのでしょうか。いくら自問自答しても、わからなくなって、考えるほど身体がだるくなり、涙があふれてきます〉

白衣の四人組はまさしく、どこにでもいる中年女性だ。失敗や泣き所はある。それは吉田純子も例外ではない。

純子自身にとってのウィークポイントは母親だった。純子は、貧しかった少女時代、母親から体罰を受けた。借家で、周囲に泣き声を聞かれないようタオルを口にくわえさせられ、尻《しり》をたたかれた。その母親は、幼いころから弟ばかりを可愛《かわい》がってきた。彼女はそう思い込んできた。母親を何とか自分のほうに振り向かせたい、彼女はそう考えるあまり、母親にだけは従順になった。四十数年間の人生で、唯一《ゆいいつ》、心底頭のあがらない相手だったといえるかもしれない。

母親から嫌われるのを恐れ、みずから機嫌をとってきた。弟の結婚で無理して祝儀《しゅうぎ》を五〇万円も包んだり、実家の改装費や借金を肩代わりしたり。金持ちになりたい、という願望も、ひょっとすると、母親の受け売りだったのかもしれない。

純子はそんな自分自身の姿に、人間の脆さや弱さを感じとっていったのではないだろうか。他人の弱さを利用すれば、なんでも手に入る、そう感じていた。そして、それを実践していった。

女性だけによるこれほどの犯罪は、過去、例を見ない。突如、あらわれた彼女たちの狂気。そこには、人間の脆さと浅ましさという表裏一体の魔性が潜んでいる。

九月二十四日、ついにその吉田純子に一審判決が下った。福岡地裁の三〇一号法廷。一〇〇席以上ある傍聴席はぎっしり埋まり、空席ひとつない。

午後二時ちょうど、純子が左手のドアから入廷してきた。傍聴者の視線がいっせいに注がれる。淡いベージュのツーピーススーツ。イブニングドレスのような派手な服装だった二年前の初公判のときとは打って変わり、質素だった。法廷に入る前、軽く一礼する。傍聴席のほうにはまったく視線を向けず、見えたのは横顔だけだ。だが、その印象はこれまでとはまったく違った。

皮膚はすっかり油が抜け、その表情は白く、乾いていた。

「長くなりますから、被告人はかけてください」

谷敏行裁判長から声をかけられると、静かに証言台の椅子《いす》に腰かけ、正面の裁判長を見あげたまま、その声に聞き入っていた。

「主文は後にし、判決理由から先に述べます」

裁判長がそう告げると、黙ってうなずく。そのまま視線を落とし、裁判長の朗読に耳を傾けていた。谷裁判長は事件の経緯を淡々と語りはじめた。

傍聴席は静まり返り、報道陣がメモをとるペンの摩擦音が法廷内に響く。判決理由の朗読は、優に二時間半を超えた。

その終盤——。それまで冷静な口調だった谷裁判長が興奮気味に語りはじめた。

「被告は本公判でも、不自然な弁解に終始し、反省と謝罪の気持ちがあるとは認めがたい。医療知識を悪用した犯行が社会に与えた衝撃は大きく、看護師に対する信頼を著しく損なった」

そしてこう断じた。

「金銭欲のため他人の命を顧みない犯行動機に酌量の余地は皆無。微塵《みじん》も酌量の余地はない」

その声を聞いた純子は、落としていた視線をあげ、正面の裁判長を見据えた。まるで睨《にら》みつけているかのように。

「判決を言いますから、被告人は立って」

谷裁判長は言った。

「被告人を死刑に処す」

法廷内がざわついた。だが、純子は微動だにしない。入廷したときのように静かに一礼した。

閉廷。緊張感から解き放たれた傍聴席の人々はそれぞれ何かを口にしながら法廷をあとにしていた。とり残された純子に弁護士が寄り添い、退廷を促そうとした。だが、純子は立ち止まったまま。その場で弁護士と打ち合わせをはじめたのだ。弁護士の言葉にうなずく純子。お互いに短い言葉を交わしている。

その吉田純子と、ふと目があった。思わず身体が押されたような気がするほどの強い視線。じっとこちらを見つめている。そうして、再び弁護士のほうを向く。その瞬間、垣間見えた口元には、はっきりと笑みが浮かんでいた。

あとがき

　ここ数年、マスコミを賑《にぎ》わしてきた凶悪犯罪のなかには、中年女性が主犯として事件を引き起こしてきたケースがやたらと多い。和歌山のカレー事件をはじめ、佐賀の美容師バラバラ殺人、同じ福岡県で起きた北九州の監禁殺人など、数えあげたらきりがないほどである。犯罪の陰に女あり、と言われたのは昔の話で、陰どころか、いまや凶悪事件の主役ばかりだ。

　その彼女たちには、いずれも昭和三十年代生まれという共通点がある。いわば終戦の混乱期から高度経済成長に突入する過渡期にあたる。昭和三十四年生まれの吉田純子が過ごしてきた幼少期は、まだ終戦後の貧しさを引きずっていた部分もあった。とりわけ地方には、それが色濃く残っていた。大半の一般家庭はある程度の貧しさを共有し、子供たちの服装に構う余裕もなかった。夏はランニングシャツに薄汚れた短パン姿で遊ぶ男の子ばかり。女の子は安物のブラウスに短い吊《つ》りスカートというのがお決まりの服装だった。

　その子供たちに変化が見られはじめたのは、昭和四十年代に入ってからだろう。折しも純子が小学校の高学年になった四十年代半ばには、ジーンズが流行。と同時に、生活そのものが変化していった。吉田純子や堤美由紀の家庭はたしかに貧しかった。しかし、かといって特段貧乏だったわけでもない。いわば一般家庭の範疇《はんちゅう》に入る程度の貧しさであり、残る池上和子や石井ヒト美の家庭は、むしろ裕福な部類に入るのではないか。

ここが過去の凶悪犯のケースと決定的に異なる点でもある。かつての殺人犯は暴力団関係者か、あるいはまさに極貧生活を体験し、そこから抜け出そうとする過程で起きたケースが多かったが、少なくとも彼女たちがそんな経験をしてきた様子はうかがえない。

純子の一審判決公判では、谷敏行裁判長がこうもつけ加えている。

「被告人は当然の生活をする倫理観を身につけるべき立場にあった。（犯行動機として）貧乏暮らしをあげているが、それほど貧しかったわけでもない」

ありふれた中年女性による猟奇的な犯行。それこそが、看護婦四人組の連続保険金殺人の特徴であり、それゆえ捉《とら》えどころのない奇妙な感触が残るのである。そして、これは日常に潜む狂気の萌芽《ほうが》でもある。それが四人組の異様な連帯感を生んだのではあるまいか。

ひとり娘として大切に育てられてきた池上和子は純子に心酔し、甘えてきた。今年八月五日に予定されていた判決公判が急遽《きゅうきょ》中止されたが、その一ヵ月後の九月一日に死亡。逮捕後に福岡拘置所内の医療棟で発見された子宮ガンが原因だった。おかげで公訴は棄却されたが、その代償として四三年の短い人生の幕を閉じたのである。

この世にも稀《まれ》な白衣の四人組の事件を描くにあたっては、発覚当時の平成十四年から判決にいたるまで、およそ二年半の取材・執筆期間を要した。当初、「週刊新潮」の編集部員として取材をはじめ、「週刊新潮」や「新潮45」にもレポートを掲載した。

この間、新潮社のノンフィクション編集部で編集を担当していただいた大畑峰幸氏には多大な励ましをいただき、「新潮45」編集部の高橋麻美氏、ノンフィクション編集部の加藤新編集長、「週刊新潮」の早川清編集長にもずい分お世話になった。この場を借りてお礼を申し上げたい。本稿では関係者の敬称を略し、一部関係者や勤務先などを仮名にさせていただいた。

平成十六年十月　森　功

文庫版あとがき

単行本を刊行した平成十六年十一月から早二年半が経過した。読者の反響は予想以上に千差万別だった。

「医療の専門知識を駆使した看護婦たちの犯行に戦慄《せんりつ》した」

多くは、事件に関するこうしたストレートな意見が多かったが、なかには次のような感想もあった。

「なぜ吉田純子のこんな単純なトリックに周囲が騙《だま》され、振り回されたのか。純子が他の看護婦を相手にするレズシーンなども含め、思わず噴き出してしまった」

あまりにも現実離れした出来事に感じるため、最初は笑ってしまうらしい。

どこにでも居そうな中年女性。彼女たちはたまたま同じ看護専門学校に通った同窓生だった仲間意識から、のちに固く結びついた。四人はいわばごく平凡に育ち、成人してからもそれほど不自由な暮らしはしていない。それでいて、犯行そのものは特異で猟奇的である。純子と同性愛の関係に陥った堤美由紀をはじめ、事件の背景に横たわる人間関係も奇怪きわまりない。日常と非日常。それら相反する出来事が四人組の生活現場で同居している。

「こんな出来事は小説などでは読んだことがない。嘘《うそ》っぽく感じるので作家もこのようなストーリーにはしないだろう」

そんな意見までいただいた。読むほうにとっては、物語がとてもアンバランスで、奇妙に感じる。だからこそ、はじめは三文芝居のような安っぽい吉田純子のセリフに思わず噴き出すのかもしれない。

しかし、これは紛れもない事実である。そして、決して他人事ではない。看護婦四人組のうち、純子を除く他の三人は、彼女に翻弄《ほんろう》され、犯行に手を染めていく。実は、そこに潜む彼女たちの深層心理については、誰にでも心当たりがあるのではなかろうか。いや純子本人の心の闇《やみ》についても、例外とはいえない。

「はじめは噴き出してしまったけど、最後まで読んだら、やっぱり怖くなった」

そう話す人は少なくない。昨年五月、四人組のうち病死した池上和子を除いた三人へ控訴審判決が下った。いずれも一審通り。吉田純子の死刑は揺るがなかった。

平成十九年四月

森　功

解説

岩波明

本書に描かれているのは、派手派手しい犯罪ではない。登場するのも濁った目をし殺意を体中にみなぎらせ、凶器のナイフを振りかざす殺人鬼でもなければ、犯人によって切り裂かれ凌辱《りょうじょく》された血まみれの死体でもない。

四人の看護婦は、無機的な物を扱うかのように、静かに人の死をもてあそんだ。著者は淡々と彼女たちの犯行を描いているが、本書を読んでいるとその客観的に描かれた犯行の冷酷さによって、底知れぬ恐怖にとらわれてしまう。

著者は被害者の親族や加害者の知人のもとに繰り返し足を運び、たんねんで地道な取材を行った。そして犯行の詳細が臨場感溢《あふ》れる筆致で、詳細に記述されている。犯人たちの人間関係や心理過程に細かく立ち入った描写は、圧倒的な迫力がある。その著者の目にこの事件はどう映ったのであろうか？

あとがきには、「ありふれた中年女性による猟奇的な犯行。それこそが、看護婦四人組の連続保険金殺人の特徴であり、それゆえ捉《とら》えどころのない奇妙な感触が残る」と記されている。この「わからなさ」が、本書の執筆の動機になったように思われる。しかし、奇妙でおぞましいこの殺人の記録をどのようにとらえるかは、読者の自由である。金まみれのすさんだ世の中の風潮に対する警鐘として受け止めてもいいし、人間の心に潜む邪悪さを描いたものとしてとらえてもいい。また刺激は強烈であるが、単なる娯楽として読むこともできる。

私の専門である精神医学的には、異常者としての吉田純子という人物がもっとも興味深かった。本書は生来の犯罪者ともいうべき彼女の姿を、あますところなく描ききっている。ただ不思議に思うのは、著者が吉田純子の犯罪を非常にクールに記述している点である。これはジャーナリストとしてのバランス感覚に基づくものであろうが、彼女の邪悪さに強く魅《ひ》かれていた裏返しかもしれない。強烈な「悪」は、それに近づくものを魅了しとりこんでしまうものだからである。

犯人の四人は、自分たちの看護婦としての医学知識を用いて犯行を遂行した。その方法は巧妙である。池上和子の夫はカリウムと空気を注射し殺害、石井ヒト美の夫は胃管（マーゲンチューブ）を用いて、アルコールを大量に胃に流し込み死に至らせた。

カリウムには心毒性があり、安楽死の際に使用されることが多い。さらに、未遂に終わったが、堤美由紀の母に対しては、糖尿病の治療薬インシュリンによって殺害を試みている。しかも驚くべきことには、彼らの犯行は手抜かりがなく、仲間割れによる自供がなければ発覚することもなくすんでいたのである。

奇妙であると同時に空恐ろしいことは、吉田純子がこれらの犯罪をためらいなく、時には楽しみながら遂行している点である。たとえば、石井ヒト美の夫である久門剛さんの殺害のシーンを見てみよう。空気を静脈注射し息絶えた久門さんの遺体に対して、吉田純子は勢いをつけてその顔を蹴《け》り上げた。その状景には、目をそむけたくなるような恐ろしさがある。さらに彼女は、妻であった石井ヒト美に命じて久門さんの頬《ほお》に平手打ちをさせ、その様子を見ながらケラケラと高笑いをしたのだった。テレビドラマの殺人シーンを見ながら、吉田純子は次のように言っている。

「私やったら、こげんすぐには殺さんよ。もっと相手を苦しませないけん。フォークかナイフで目玉を片方ずつ、くり抜いて、ペンチで手の爪《つめ》から足の爪まで一枚ずつはがす。そうしてなぶり殺しにするばい」

吉田純子の言葉から連想されるのが、十六世紀のハンガリーの貴族であったエリザベート・バートリー伯爵夫人による殺戮《さつりく》である。彼女は自らの美貌《びぼう》が衰えるのを防ぐために、十年以上にわたり数百人の処女を殺害し、その血の風呂《ふろ》で入浴をした。初めは美貌のためであった殺人も、次第に少女たちに対する嗜虐《しぎやく》と殺人そのものが快楽となっていった。エリザベートは侍女のお喋《しやべ》りが気に障《さわ》れば口を糸で縫い、あるいはナイフで左右に切り裂いた。さらにエリザベートは侍女たちに苦痛を与えるために、「鉄の処女」をはじめとしてさまざまな拷問《ごうもん》器具を用いた。

精神医学的にみれば、エリザベートと同様に、吉田純子は間違いなくサイコパス（精神病質）と診断できる。精神病質チェックリストの作成で有名なカナダの心理学者ヘアは、サイコパスについて次のように語っている。

「サイコパスは社会の捕食者であり、生涯を通じて他人を魅惑し、操り、情け容赦なくわが道だけをいき、期待を打ち砕かれた人や、からになった財布をあとにのこしていく。良心とか他人に対する思いやりにまったく欠けている彼らは、罪悪感も後悔の念もなく社会の規範を犯し、人の期待を裏切り、自分勝手にほしいものを取り、好きなようにふるまう。彼らから被害を受けた人たちは、驚きとまどい絶望的な思いで自問する。「あの人たちはいったい何者なのだ」「どうしてあんなことができるのだろうか？」」（『診断名サイコパス』ロバート・D・ヘア　早川書房）

吉田純子は仲間にした三人の看護婦や周囲の人々を何の良心の呵責《かしやく》もなくだまし、

総額二億円あまりの金を搾《しぼ》り取り、さらには命までも奪った。彼女は自分勝手にぜいたくな暮らしをし、好きなようにふるまい続けた。その姿は、ヘアの述べるサイコパスそのものである。著者は吉田純子を「残酷で冷徹な現代社会の怪物」と断じているが、彼女の異常さは、同級生を騙《だま》して金を奪った高校時代からその片鱗《へんりん》が窺える。

サイコパスはしばしばシリアルキラー、あるいは大量殺人者に変貌する。もし吉田純子が野に放たれたままであったなら、彼女は同様の残酷な殺人事件を、なんの後悔もなく繰り返していたに違いない。サイコパスの一部は、殺人そのもののために殺人を犯す。いわゆる快楽殺人である。死体の頭を蹴飛ばして高笑いをした吉田純子にも、そういった傾向が存在したと思えるが、過去の大量殺人者に女性はほとんどいない。大量殺人者はアングロサクソン人の低所得者層に多いという統計がある。ただシリアルキラーの本場アメリカでも、そのほとんどは男性である。

女性の大量殺人者は、フィクションの中でも数少ない。女性グループが犯人という点で本事件と類似した小説といえば、一九九七年に刊行された『ＯＵＴ』（桐野夏生　講談社文庫）がある。小説の主役である四人の主婦達は、コンビニやスーパー向けの弁当を作る工場の深夜パートをしている。ある日、主婦仲間の一人が夫殺しの事件を起こしてしまう。加害者から連絡を受けた仲間の主婦たちは、死体を解体して証拠の隠滅を図ろうとする。この小説には吉田純子のようなモンスター的人物は登場しないが、「黒い看護婦」の事件を予告するような作品であった。

女性の同性愛の問題が引き金になった殺人事件としては、アメリカのオレゴン州で十九歳のジーネス・フリーマンが二人の子供を殺害した事件が知られている（『殺人ケースブック』コリン・ウィルソン　河出文庫）。同性愛において「男役」だったジーネスは恋人のジャクソン夫人を精神的に支配し、性行為の邪魔になるといって、ジャクソン夫人の二人の子供を殺害し、服を剝《は》ぎ、生殖器を切断した。共犯者の女性をあやつり、犯行に対してまったく後悔していない点など、ジーネスには吉田純子とかなりの類似点がある。

吉田純子が生まれた柳川市は、福岡県の南部にある。市内を縦横にクリークが流れていることから、水郷として知られる。戦国時代からの城下町である。しかし吉田純子が育った柳川に、かつてのにぎわいはなかった。

著者は「時代にとり残された地域」であると述べているが、従来の産業は衰退し、多くの人々が県内の都市部に職を求めていた。この柳川市の近郊で二間しかない古い借家の木造住宅で貧しい暮らしをした記憶が後に吉田純子の異様な金銭への執着と浪費に結びついたのではないかと著者は推測している。著者が描く無秩序に都市化した地方都市の寒々とした風景は、冷酷で乾いたこの事件と奇妙にマッチしているように思われる。

福岡地裁における第一審で死刑が宣告されたとき、吉田純子は薄ら笑いを浮かべていたという。邪悪なマドンナとでもいうべき彼女の法廷における姿から思い浮かぶのは、アカデミー賞を受賞した映画『シカゴ』に登場する二人の女性殺人者である。

『シカゴ』はボブ・フォッシーにより一九七〇年代に大ヒットしたミュージカルを原作として、ロブ・マーシャル監督が二〇〇二年に映画化した。原作のミュージカルは、一九二〇年代に起こった実際の殺人事件に基づく。殺人犯であるこの二人の女性が敏腕弁護士の手によって裁判で無罪を勝ち取り、「スター」になるというのが映画のストーリーである。法廷の正義を信じる日本の観客には納得できないところも多いだろうが、この作中を貫くテーマは、「人生はショーだ。これはすべて見世物なんだ。裁判も、この世界も、すべてショービジネスだ」という登場人物のセリフに端的に表されている。

人々にとって、犯罪は娯楽でもある。みな、犯罪が好きなのだ。それは残酷で、奇妙で、訳のわからない部分が多ければ多いほど価値を持つ。そして殺人犯たちは、大スターなのである。『シカゴ』のロキシー・ハートが、「史上最高にキュートな殺人犯」としてマスコミのスターダムに乗ったように、本書の主人公である吉田純子も、犯罪史上に類を見ない事件を引き起こした闇《やみ》の世界のヒロインと言っていい存在だろう。著者は彼女の狡猾《こうかつ》さを細部まで見事に描写した。吉田純子は奇想天外にも共犯者の堤美由紀の子を妊娠したと、彼女をだますことにも成功した。「女性同士で妊娠した例は、過去に二、三件あるらしいよ。私で四例げな。世界的な研究になると言うとったよ」、と。

吉田純子は拘置所内においても配膳係を買収し、事件の共犯者に偽証をさせるように試みた。その企ては失敗したが、もしこの事件がアメリカで起きたものなら、彼女は悪辣《あくらつ》な弁護士を雇い入れ、法廷や陪審員を手玉にとって、無罪を勝ち取っていても不思議ではない。

もっとも日本の風土においては、犯罪を娯楽として語ることはインモラルで許されないとみなされる。たちまち、被害者の感情を考えたことがあるのかとか、お前の家族が殺されたらどうするのだという叱責《しっせき》が飛んできそうだ。さらに世論は声高に叫ぶ、犯人に極刑を、早く殺してしまえと。しかしこうした意見は、実は巧妙な隠れ蓑《みの》に過ぎないことをわれわれは認識しておく必要がある。

マスコミも人々も、「厳罰に処せられる重罪人」という見世物を楽しんでいる一面があるのだ。われわれは、十九世紀のイギリスで囚人の公開処刑に熱狂した群集と変わりはない。当時は犯行現場や死体さえも見世物で、人々は入場料を払って犯罪を見物したのである。

本書の単行本刊行後、吉田純子の控訴は福岡高裁で棄却された。まだ最高裁の判断が残っているが、おそらく死刑判決は揺らぐことはないであろう。人々は彼女が改悛《かいしゅん》の情を示し、涙を流して被害者とその家族に謝るシーンを求めている。

しかし、みなが期待するような謝罪が、彼女から発せられることは今後ともありえないだろう。巨大な負の精神的エネルギーを持ち、精神的な奇形児とも言うべきサイコパスが死刑という現実の前でも心から悔いることはない。幼児から老人まで十数人を殺害し「デュッセルドルフの吸血鬼」と呼ばれたペーター・キュルテンは、処刑される直前、犯行を悔いるどころか「ギロチンにかけられたら、自分の血潮の噴き出す音が聞けるだろうか。それが生涯最大の望みだ」と語ったと伝えられている。

残虐さ、冷酷さ、さらに女性のグループによる連続殺人事件という点で、この犯罪は過去に例のないものである。女性の犯した保険金殺人としては、三度の結婚のうち二人の夫を殺害した「中洲スナックママ保険金殺人」(平成十六年逮捕、現在公判中)や、夫など数名を殺害した「佐賀保険金殺人」（平成十四年逮捕、懲役十五年確定）などが知られているが、いずれも男性の共犯者が存在していた。

本書は、一見ありふれた人間がいかに邪悪になれるかを詳細に記した稀有《けう》の一冊であり、犯罪ドキュメンタリーの傑作である。

（平成十九年四月、精神科医）

この作品は二〇〇四年十一月新潮社より刊行された。

黒《くろ》い看《かん》護《ご》婦《ふ》

―福岡四人組保険金連続殺人―

新潮文庫　も - 33 - 1

平成十九年六月一日発行
令和三年十一月五日十二刷

著者　森《もり》　功《いさお》

発行者　佐藤隆信

発行所　株式会社　新潮社

郵便番号　一六二―八七一一
東京都新宿区矢来町七一
電話　編集部(〇三)三二六六―五四四〇
　　　読者係(〇三)三二六六―五一一一
http://www.shinchosha.co.jp

価格はカバーに表示してあります。

乱丁・落丁本は、ご面倒ですが小社読者係宛ご送付ください。送料小社負担にてお取替えいたします。

印刷・錦明印刷株式会社　製本・加藤製本株式会社

ISBN978-4-10-132051-9 C0195